師・寅次郎と主君・慶親

～幕末を疾走した男と維新を果たした名君～

鶴田　慎一

目次

まえがき

激動の幕末、日本に生まれた吉田寅次郎（松陰）は、九歳で藩校の教授を務めた天才であった。

長州藩の山鹿流兵学師範となってからも、あらゆる学問を修め続け、実学を追求し続けた幕末の思想家・教育者として名高い。

私利私欲なく純粋に国のためを想い、人の道を究め続けた生き様は、多くの人を魅了して弟子入りを願わせたのである。

特に獄中での囚人に対する教育では、囚人たちをことごとく改心させ、長年の獄囚生活から八人の囚人を放免させた。

また、司獄（刑務官）までもが、獄中で弟子入りしたという天才教育家であった。

何より自宅謹慎中に開いた私塾「松下村塾」で、三年足らずの期間に多くの若者を志士として育て上げた。

その多くが幕末・維新で重要な働きをし、若い命を散らしたが、幕末を生き延びて後に明治政府の中核を占める者も多かった。

近代日本にとって、教育者としての松陰の功績は計り知れないのである。

人は自らの経験に学び、出逢った人に学び、そして書に学ぶものであるが、松陰は二十九年という短い生涯の中で、

「人は自分が持つ能力と立場において、今、何ができるのか。

学び、考え、実践することで、世の中に価値をもたらす。」

という教えを貫き、実に濃厚に凝縮して生きて、そして非業の死を遂げていった。

現代社会に生きる我々が忘れかけている「志」というものを、覚醒させてくれる生き様ではないだろうか。

現代とは違い、交通でも手紙でも、何をやろうにも大変な時間が掛かった時代に、遅れてきた情報から二歩も三歩も先を読み続けた。

今の自分に何ができるのかを模索し続けて、与えられた命を生き切ったのである。

松陰の人生を客観的に振り返ってみれば、「短い人生を熱狂的に疾走し、生き急いだ男」と感じるところもあるが、これは松陰の性分と、この時代の死生観と言うしかない。

そこにまた、大きな使命感を持って生きるということへの悲哀も感じるのである。


また松陰は、主君である毛利慶親（敬親）に見出され、主君でさえ異例の弟子入りを願ったほどの英才であった。

幕末の志士たちに大きな影響を及ぼしたのは、慶親が支えてこそなのである。

つまり、毛利慶親が寅次郎の才能を開花させ育み続けた結果、天才・寅次郎は激変期の日本の軌道修正をしようと奔走したのである。

本書では、吉田寅次郎が吉田松陰と名乗るまで、毛利慶親が毛利敬親と改名するまで、あえて寅次郎と慶親とした。

毛利慶親は明治維新を成し遂げる切掛けを作った人物と評される反面、部下の言いなりの「そうせい候」と渾名《あだな》されるなど、低く評価されることもある。

私は数十年前から吉田松陰に関わる本を何冊も読んだが、幕末の志士たちの陰に隠れて、スポットが当たらない毛利慶親にも注目したかった。
本文中に紹介した逸話からも、間違いなく毛利慶親は名君中の名君である。

本書はまずは史実に基づいて骨格をつくり、その上で色々な場面での会話を想像した。史実の上にフィクションを被せていくと、時に暴走してしまいそうになるが、極力大脱線にならないようにも注意した。

吉田松陰をテロリスト呼ばわりする人もいるらしいが、それは現象を上っ面で見ているための間違いである。時代を大きく軌道修正する時には、改善よりも改革、そして革命が必要なのである。柔軟な思考力を持つ松陰は、初めは幕政を改善することを考えたが、幕府を諫めるという諫幕《かんばく》では、もはや日本を救えないと革命思想である討幕に転じた。

革命には多くの犠牲が伴うが、命を捨てても国の行く末のために身を投じる覚悟は、現代人には不可解なものになりつつある。

とは言え、幕末という激変のバックグラウンドを考えた時、現代の我々は何に一所懸命になるのかを改めて模索したいものである。

激動の時代を乱世と呼ぶが、江戸時代末期までの長い治世が乱世の時代に移る時、大乱世になるのは歴史が証明しているのである。

ペリー来航によって保身のために迷走する徳川幕府と、新技術や新しいビジネスモデルなどの出現や戦略ミス、不正行為などによって屋台骨にひびが入る企業とは似ている。

「選挙のための政治」「利益至上主義の経営」「功罪入り乱れる独裁経営者」など、幕末の日本とよく似ているのだ。

本文中にもあるが、「時代は形を変えながら繰り返す」ということである。

是非、本書を読みながら洞察していただければ、現代社会に置き換えて課題に取り組む勇気とヒントが見つかるのではないだろうか。

松陰は遺書［留魂録］第八節に、人生を四季に例えている。

「春に種をまき、夏に稲を植え、秋に収穫して、冬に貯蔵する、そして人々はそれに歓声を上げる。十歳なら十歳の、二十歳なら二十歳の、三十歳なら三十歳の四季があり、五十歳でも百歳でも相応の四季がある。単純に十歳という命が短い訳でもなく、百歳という命が長い訳でもない。」

と遺している。

人生が有限なのは言うまでもないが、私たちは人生にどんな実りを求めて生きるのかを、再考してみるべきではないだろうか。

松陰の教えは、誰もが意味を持ってこの世に生まれてきたことを示唆している。

現代社会に生きる我々も、不要な人間などいないし性善なのである。

本書に描いた松陰の勇猛さは、決して蛮勇（愚かな勇気）ではない。

命懸けで正義を行う本物の勇気というものに触れて、あなたも生きる力を漲らせていただければ望外の喜びである。

また、私は経営コンサルタントという仕事柄と教育者の端くれとして、いかに難しいことを分かりやすく伝えるかに腐心した。

「活字離れ」が危惧される昨今、本書は特に読み易い一冊に仕上げたく、漢文・漢詩・古語などはできるだけ平易な言葉に意訳して、会話も現代語での表現を心掛けた。

また、歴史に造詣が深い方には若干の違和感があるかも知れないが、地方の方言なども抑えて極力標準語に近づけた。

これは私が、

「時に難解な言葉が多い歴史物語を、最後までストレスなく読み切っていただく。」

という課題に対して出した答えなのだ。

幕末の混乱に登場し、維新を果たした名君・毛利慶親と、死しても後世に影響を与え続けた吉田松陰の壮大で時に切ない物語を、生きる知恵にしていただければ幸いである。

本書を切っ掛けに、読書による人間修養を進めれば、必ず一層価値ある人生への転機となることを確信する。

鶴田　慎一　拝

第一章　稀代の名君・毛利慶親

毛利敬親肖像画　（山口県立山口博物館所蔵）

皇族藩・毛利の歴史

長州藩主の毛利氏は、大江広元《おおえのひろもと》の四男を祖とする一族であったが、その遠祖は平安時代初期の平城《へいぜい》天皇の子である阿保《あぼ》親王に遡る。つまり、毛利家の遠祖は皇族であった。

大江家は、菅原家と共に学問で朝廷に仕え、［菅江二家］と称された。

大江広元は源頼朝から鎌倉幕府に招聘されて、頼朝の側近として鎌倉幕府の高官を務め、頼朝の右腕となった。

広元の四男季光《すえみつ》が、相模の国の毛利庄《もりのしょう》を治め、地名から毛利《もうり》を名乗るようになった。


その後、代を重ねて毛利元就《もとなり》が室町時代後期から戦国時代にかけての安芸の国の領主となった。

当時の天皇家は、経済的困窮に悩まされて、新天皇の即位の式典もままならない状況であったため、元就は正親町（おおぎまち）天皇の即位の礼の経費全額を負担した。

その上、その後の朝廷と室町幕府の財政安定のために［石見銀山］を献上したのであるから、天皇家の絶対的信頼を得ることとなったのである。

正親町天皇は大喜びして、毛利を最高の家柄とし、十六菊の御紋を家紋として与えた。

毛利には三種類の家紋があったが、他に足利義昭から下賜された五七桐紋《ごしちきりもん》と、最も使われてきた一文字三星紋《いちもんじみつぼしもん》がある。

これは、律令制での最高位の一品《いっぽん》の文字を図柄にしたものであるから、毛利家の格を象徴しているのである。

以降も、毛利家は皇室への献上品や財政支援を続けて、徳川幕府の時代になっても、毛利家だけには朝廷との接触が許された。

つまり、毛利の勤皇の歴史とは、幕末の［勤皇思想］で始まったのではなく、皇族系大名としての先祖伝来の勤皇藩としての特質を持つのである。

毛利元就は戦国大名として権謀術数に長けていて、状況変化に応じた策略・謀略を駆使しながら、領土を切り取り続けた。

ついに元就は一代で中国地方のほぼ全域に勢力を拡大し、一二〇万石の強大な国を築いていった。

しかし、元就には天下取りの野望はなく、現存の領土を守ることに腐心していた。

天文十五年（一五四六年）、元就の突然の隠居表明により、毛利隆元が家督を相続。

永禄六年（一五六三年）、父・隆元が急死したため、毛利輝元が長州藩祖となった。

石山本願寺が挙兵した際、毛利は本願寺に兵糧・弾薬の援助を行うなど、織田信長と対立した。

そのため織田方との戦いを繰り返したが、信長の命により中国攻略の指揮官となった羽柴（豊臣）秀吉から攻め込まれた。

その時、明智光秀の謀反・本能寺の変によって、信長は天下統一を目前に自刃して果てた。

信長の死を知らされた秀吉は、電光石火の和睦に出て撤退した。

毛利方は秀吉撤退の日の翌日、本能寺の変の情報を紀伊の雑賀衆から得たが、すでに和睦によって最終決戦を回避できたとも言えるのである。

秀吉は［中国大返し］により京へと戻り、山崎の戦いで明智光秀を破った後、信長の孫・三法師を擁して織田家内部の勢力争いを制し、信長の後継の地位を手に入れた。

その後、豊臣秀吉が天下を統一して、戦乱の世に一旦は区切りがつけられた。

しかし秀吉の死後、豊臣政権内部の対立が激化していった。

輝元は豊臣政権五大老の一人となって幼君・秀頼を補佐したが、宇喜多秀家・石田三成らと徳川家康の対立から、天下は東西二分しての覇権争いとなった。

そして、ついに天下分け目の関ヶ原の戦いとなったが、輝元は西軍の総大将に担ぎ上げられて敗軍の将となった。

徳川家康による毛利家の取り潰しは免れたものの、多くの領地が召し上げられたのである。

徳川幕府の時代、長州藩は長門・周防二国の外様大名となった。

石高も三十六万九千石となり、城も防府や山口に出すことが許されず、山陰の僻地である長門国に萩城を築城させられた。

その後、長きに亘り萩へと押し込められたが、長州藩は幕末まで「勤皇の毛利家」として、その系譜を守った。

藩主・毛利慶親

毛利輝元の時代から二百年ほど後の文政二年（一八一九年）二月十日、後に長州藩第十三代藩主となる毛利慶親《よしちか》（後の敬親）が生を受ける。

世襲家老・福原家から毛利の養子となり、第十一代藩主となった父・毛利斉元《なりもと》の長子で、幼名は猶之進《ゆうのしん》、後に教明《のりあき》、慶親《よしちか》、最後に敬親《たかちか》と改名した。

天保七年（一八三六年）六月、萩城下は阿武川の氾濫により大洪水に遭遇、川上からは倒壊した家屋や瓦礫が流れ込み、萩の町は大変な被害に遭い荒廃した。

荒廃からの復興もままならぬ九月、第十一代藩主の父・毛利斉元が死去。その跡を継いで第十二代藩主となった毛利斉広《なりとう》も、幕府への相続手続きが終わってから、わずか十九日後に死去した。

急遽、教明が先代斉広の養子となり、家督を継ぐこととなった。

同天保八年（一八三七年）、第十二代将軍・徳川家慶《いえよし》に偏諱《いみな》を与えられて、教明から慶親《よしちか》に改名し、弱冠十八歳にして藩主となったのである。ここから三十年、日本は歴史的乱世・激動の幕末を迎えることとなった。

毛利慶親は幕末の志士たちの活躍の陰に隠れて見えるが、鎖国と開国の大波の中にあって、討幕を果たし明治維新を成し遂げた立役者の一人である。

慶親の人材を見極めて抜擢登用するという、卓越した人事力には目を見張るものがあった。

特に、幾度となく国禁を犯した吉田松陰（寅次郎）に対し、慶親は幕府の動向に気を配りながらも、懸命に助命した。これこそが、松陰の遺志を継ぐ弟子たちによって、明治維新への足取りを早めることに繋がったのである。

ここに乱世を生きる者の、それぞれの立場によって、果たしている使命が滲んでくるのである。

窮乏の藩政改革

家督相続後の毛利慶親は、自ら木綿の着物を着て、食事は一汁二菜という質素倹約に努め、食後の菓子も断った。

家臣にも経費節減の命を出し、男女問わず木綿の着衣を義務付けた。

それほど大洪水の被害は甚大で、被害の規模は二十七万石に及び、藩の借金は銀八万貫（百七十万石相当）に膨らんでいたのである。

そのために、まずは藩の財政再建を成し遂げ、膨大な債務の返済を急がなければならなかった。

慶親は、

「この窮乏に辣腕を振るえる者は、老臣の村田清風《せいふう》しかいない。

村田ほど人望の厚い家老は他にいないし、力量が秀でている。」

と、迷いなく家老・村田清風を登用した。

慶親の命を受けた村田は、早速貨幣流通の改正を行い、藩政改革を断行しながらも、反改革派との軋轢を上手く制御した。

村田は、

「殿、藩内には改革に反論する者もおりますが、戦う相手は［銀八万貫の大敵］です。

当面は、徹底的に借金の返済方法を考え出すことに努めます。

私の政策に大きなご異論がなければ、なるべく任せたと言うてください。

そうすれば、何か不都合が生じても、それはこの村田の責任ということになります。

藩政改革を実現するためにも、一命を賭して、殿をしっかりとお守りいたします。」

と、慶親に具申した。

歴代五代の藩主に仕えてきた村田には、藩政改革に我が身を捧げる覚悟ができていたのである。

慶親は、改革を進める村田を支えるために、反改革派の苛立ちをのらりくらりとかわし続けながら、村田と共に改革戦略の策を打ち続けた。慶親は村田の手腕に頼り、基本的には村田の意見を採用し、事あるごとに意見を求め、村田を誰よりも信頼していた。

また慶親は、太平の世が続いたため、家臣の学問や武術の緩みを危惧していた。

そのため、江戸に文武修業の藩校「有備館」を建設して、藩士の修練を命じた。

また、萩では練兵を行い、藩の軍事力の強化にも努め、国許の藩校である「明倫館《めいりんかん》」の増改築や修練内容の充実と改革も断行した。

教育と武術の修練には手を抜かず、財政難の藩政においても、惜しみなく金も人も投じていた。

「国を強くするためには、人材を育成しなければならん。

人材こそが国の財産である。

そのための予算は、惜しんではいかん。」

と断じた。


新しい広大な明倫館には、聖堂・講堂・書生寮・世子学習室、剣道・槍道・弓道場を造り、馬場や水練場まで完備した。

この規模と内容は、日本三大藩校と呼ばれるほどで、諸国から学問や武術の著名な師範を招いた。

また、文武両道を問わず、優秀な者には公費で藩外に留学させた。

吉田松陰・高杉晋作・桂小五郎・久坂玄瑞・伊藤博文なども、この制度によって知見を広めていったのである。

また、新しい産業の発展のために、英語・オランダ語・理化学・冶金《やきん》術・ガラス器の製造技術・電気・写真術なども、長崎に留学させて学ばせた。

慶親の、藩の産業近代化に対する先見性は、殊に優れていたのである。

都合のいい渾名「そうせい侯」

長州藩の財政再建策は功を奏し、藩の慢性借金地獄は再建されて、幕末を乗り切るための国力を増していったのである。

慶親は、あえて優柔不断な態度を見せかけて、政治的に疎い藩主を演じたこともあった。

それは慶親の聡明さの為せる業で、小事にはとっさの判断で、

「うん、そうせい、そうせい。」

と、即答した。

その一方、重要な判断では熟慮断行で思い切った決断も下した。

慶親は、人物を見分ける眼力があり、自分が辣腕を振るうより、各方面で自分より優秀な人材を動かすことに長けていたのである。

慶親は、

「組織の上に立つ者は、俺が俺がといきり立つより、その道に優れた者に活躍の場を与えることだ。その上で、しっかりとした信頼関係を築いて、遠慮なく腕を振るえるように、環境を整えてやらなければならない。」

と考えて、後年にも多くの抜擢人事を行った。

折しも徳川幕府も天保の改革に取り組んでおり、幕府も諸藩も財政改革は喫緊の課題となっていた。

数々の藩政改革案・人事案などの意見具申に対して、聡明な慶親の返事は、

「うん、そうせい。」

の即答であった。

そのため、陰では、

「殿はいつも、答えは［そうせい］だけだ。何も考えずに、家臣任せの［そうせい］か。

殿は［そうせい侯］だな。」

と不名誉な渾名《あだな》を付けられていた。


まだ年若く政治経験も少ない慶親は、年長の重臣たちを信じて用いることを大切に考えていたが、決してそれだけではない。

内政を乱れさせないためにも、余程のことでなければ、重臣の意見には即断して、

「うん、そうせい。」

という返事を貫いていたのである。

これは家督相続時からの決意であったし、小事の判断を誤ることもなかった。とにかく慶親の頭の回転は速く、即断即決ができたのである。

慶親にとって、［そうせい侯］という渾名は、返って好都合であった。

特に、信頼を置く村田の意見に、異議を唱えることはほとんどなかった。

そのため、村田は藩政改革に辣腕を振るうことができたのである。

他方で、時の将軍・徳川家慶は趣味に没頭し、幕政に疎く、家臣の意見を聞いても、

「そうせい。」

としか答えなかった。

そのため、陰で「そうせい様」と渾名されていたというから、奇遇と言えば奇遇であった。

ただし、父である先代将軍の家斉《いえなり》が大御所として、強大な発言権を持ち続けていたため、将軍となってからも実権が無いに等しく、そう答えるしかなかったのだ。

家慶は政治を行うには凡庸であったが、人材を見る眼と登用には優れていた。

似て非なるとは言え、慶親の人材登用と似ていた。

「主君押し込め」への恐怖

慶親は毛利斉広の養子となって家督を継いだが、勉学熱心で歴史書を読むことや、学者を呼んで話を聞くことも多かった。質素倹約も教育政策の重視も、歴史に学ぶところが多かった。

歴史上の出来事にも、慶親が「そうせい候」と呼ばれることを好都合と考える、密かなもう一つの訳があった。

幕府は臣下である各藩主に、反乱や悪政を阻止するために、鎌倉以来の「主君押し込め」という慣行を残していた。

藩内の跡目相続争いや、参勤交代の折に吉原の女郎屋への入り浸りなど、悪政を行う藩主に対しては、家老などの合議により「主君押し込め」、つまり藩主の逮捕・監禁の慣行が認められていたのである。

もし暴政・悪政によって藩政が深刻化した場合、または藩主の不行跡《ふぎょうせき》が幕府に発覚した場合は、領地を治める能力が疑われる。転封・減封もあれば、最悪の場合はお家取り潰しという処分もあり得たのだ。

実際に歴史上、何人もの藩主が「主君押し込め」によって座敷牢に入れられ、そのまま蟄居謹慎や引退を余儀なくされている。

それは藩主への幾度かの諫言《かんげん》の後、家老ら重臣の協議のもとで周到に準備される。

見方によれば、謀反に等しいことになるのであるから、事は慎重に進められた。

藩主の知らない内に、綿密な計画がなされて、ある日突然にその時がやってくる。

家老の、

「殿、お身持ち宜しからず。しばらく御慎みあるべし。」

との口上と共に始まる。

すぐさま藩主の刀を取り上げ、目付などの屈強な家臣によって城内の座敷牢に封じ込められるのである。

数ヶ月に及ぶ監禁の中で、藩主と重臣は座敷牢内で面談を繰り返す。

改悛の情が見えず、改心が偽りとしか受け取れない場合、または再び悪行や暴政を行う可能性が高いと判断された場合は、藩主は強制的に隠居させられた。

家老は藩主隠居の旨、嫡子や兄弟などの妥当な人物が家督を継ぐ旨を、幕府に届け出る。

幕府の許可を得て、強制的に藩主を交代させるのである。

心からの反省が認められた時には、藩主は「誓約書」を提出し、これが認められれば再度元の地位に復帰することもある。

この「誓約書」には、

「これまでの行いを悔い改めること。

善政を施すこと。

押込を行った家臣らに報復を行わないこと。」

等が明記され、幕府にも届けが出された。

もしも、藩主が復権後に仕返しや粛清などを企図すれば、藩主には切腹の命が下ることにもなる。

復権された藩主にとっては、大きな圧力となるのである。

上杉鷹山の故事に学ぶ

「主君押し込め」は、稀に藩主と重臣たちとの権力争いによっても起こった。

既得権を維持しようとする重臣から、陥れられるという事例もあった。

勉強熱心だった慶親は、藩主と重臣たちとの対立の怖さを故事に学び、よく知っていたのだ。

江戸時代中期の米沢藩第九代藩主で、屈指の名君としての誉れ高い上杉鷹山《ようざん》も、危うく「押し込め」の寸前に救われたという話が残っていた。

鷹山は九州の高鍋藩主の次男で、親戚筋からの口利きで米沢藩主の婿養子となり上杉の家督を継いだ。

当時の米沢藩は長州藩同様に、関ヶ原の戦いで石田三成の西軍に付いて敗れたため、百二十万石から一五万石まで実に十分の一近くまで石高が減らされていた。

転封された米沢の領地は、元々は家老であった直江兼続のものであり、大大名が自藩の家老の領地に押し込められたのである。

にもかかわらず、名門意識の強かった上杉家は家臣団を減らすこともなく、藩の財政は疲弊の一途を辿っていた。

藩の窮状を知った新藩主・鷹山は、

「もはや一時の猶予もならん」

と、領地領民を救うために大改革を進めた。

自ら倹約し粗衣粗食を徹底して、着衣は羽織・袴・下着まで全て木綿、酒は飲まず食事は一汁一菜、これを重臣たちにも命じた。

その上、藩主自らが荒れ地を耕し、農民を手伝ったという。

殖産事業にも注力したが、その担い手は藩士たちである。

名門意識が強かった重臣たちは、

「それは武士たる者のやることではない。」

と、納得する由もなかった。

そんな折、藩の改革に反対する七人の重役が、改革中止を強く求めて騒動が勃発した。

鷹山は危うく捕らえられそうになったが、幸運にも押し込めの寸前に、近習の機転で救われた。

しかし、断固たる改革推進は内紛の危機と隣り合わせにあると言える。

どんなに善政を推進しようとしても、守旧派の重臣たちが抵抗勢力として結束すれば、たとえ藩主といえども地位は剥奪され兼ねないのである。

やはり若き藩主・慶親は、その故事をよく知っていた。

「上杉鷹山公も嫡子相続でなく、婿養子。

私も父が福原の家に生まれ、毛利の養子となって藩主を務め、自分も十二代斉広公の養子となって今がある。

長州藩の重臣たちとしても、前藩主の立て続けの死に動揺もあろうし、改革に異を唱える者もいるだろう。

前藩主の急逝で私が家督を継ぐことになったが、亡き先代に期待を寄せていた家臣には青天の霹靂の如く感じた者も多かろう。

特に保守派の重臣は、自分たちの意見を押し通そうとするであろう。

歴史に学ぶことこそ肝要だ。

藩の安定・所領の安堵のためにも、どう考えても重臣たちとは上手くやらなければならない。

余程のことでもない限りは、重臣の意見は聞き入れながら、有能な家臣を登用し活躍させ、若い才能を庇護することで改革を進めよう。」

との決心だったのである。


上杉鷹山は押し込めが未遂に終わった後、藩内に広く意見を求めた。

「重臣たちの改革反対によって、財政難で存亡の機にある米沢藩を滅亡させるか。

それとも藩士・藩民が心を合わせて、この苦境を乗り越えるか。

この二者択一しかないのである。」

と、広く藩士に諮ったのである。

その答えは明らかで、鷹山はすぐさま重臣たちに、切腹や蟄居謹慎などの処分を一気に下した。

中国古典の孫子にあるように、「初めは処女の如く、後には脱兎の如く。」である。

慶親は、

「もし鷹山公が、幸運にも近習に救われなければ、米沢藩は亡びていたであろう。運に頼る訳にはいかない。上手く人材登用を進めていかねばならない。」

と、故事に学びながら考えていた。

村田清風の天保の改革

幕政改革の天保の改革は、享保の改革・寛政の改革と並び、江戸時代の三大改革の一つであった。

全国的な米の凶作による大飢饉、諸物価の高騰などによって、百姓一揆や大塩平八郎の乱など、天保年間の幕府は財政改革を迫られていた。

老中首座の水野忠邦《ただくに》は、年貢米が激減していたため農村復興を進め、倹約令や庶民の娯楽の制限など、次々と政策を打ったが、低質貨幣の発行などで経済を混乱させて失脚した。

財政の立て直しが急務であったことは諸藩も同様で、慶親に抜擢された村田清風は、積極的に財政再建に取り組んだ。

最も財政が行き詰った時には、年貢米を量る一斗枡を一斗と一升入る物に換えて、密かに一割だけ余分に年貢を徴収しようともした。

しかし、さすがにそれは慶親に咎められて、すぐに止めることにした。

慶親の絶対的信頼を勝ち得ていた村田は、それ以外には思い切って大鉈《おおなた》を振るうことができたのである。

村田は半ば強引に、家臣団の慢性的な借金を藩が丸抱えして、三十七年間の長期返済で返すという荒業で乗り越えた。実際は、三十七年掛かりの踏み倒しという苦肉の策であった。

また、蝋《ろう》の専売制を自由取引にして、代わりに商人から税を取り立てるなどの政策を打った。

村田は下関の地理的な優位性にも目をつけて、海峡を通る貿易船の保護や荷揚げによる倉庫業、貿易に係わる金融業などによって財政再建を進めていったのである。

この大改革は、借金漬けの藩士たちには救いとなったが、金を貸している商人らの反発を受けた。

また、下関での荷揚げ倉庫業などは、大阪の商品流通を大きく減少させていると、幕府からも横槍が入った。

この改革は多少の紆余曲折もあったが、幕末に向けて長州藩の財政基盤を強くしていったのである。


しかし、村田は全てに手を打ってから隠退をしたため、藩の財政は劇的に改善されていった。

村田は自分の使命を貫徹して、計算通りに上手く責任を取って、辞任したのである。

村田の隠退後は、村田とともに藩政改革を担った坪井九右衛門を登用し、慶親は改革の手は緩めずに藩政を立て直していった。

村田は隠退後も藩士の教育に力を注ぎ、また多くの著作も記した。事ある毎に復帰要請を受けて、老体に鞭打って藩政を支えたが、最大の貢献は常に重要な案件には慶親の良き相談相手であり続けたことであった。

安政二年（一八五五年）、清風を尊敬する周布政之助《すふまさのすけ》に後を託して、持病である中風の再発によって七十三歳の生涯を閉じた。

村田を師と仰いでいた吉田松陰は、獄中でその知らせを聞き嘆き悲しんだ。

慶親の民本位の政務姿勢

慶親は、何度も天災の被害に苦しみながら、年貢米を納める農民の苦労に心を痛めた。

上杉鷹山の故事にも習い、農民の苦労を体験したいと思い立ち、城内の東苑に水田を造った。

自ら田植えも稲刈りも行って、三斗七升の米を収穫した。

「こんな苦労をして、我が藩を支えてくれている農民を、災害や不作の時には支えてやらなければならん。」

と、農民や弱者救済にも心を砕いた。

慶親は大雨洪水の年には、老人や病人の生活困窮者に、米を一俵ずつ支給して生活を支えた。

また、大災害で救済米が不足した年は、下関で大量に買い付けて支給に回し、大坂の米相場が高騰したことさえあった。

このような慶親の配慮に領民は喜び、一層の忠誠を誓ったのである。

慶親は決して強権による支配は行わず、領民に対する愛情を注ぐ仁政を続けたのである。

また、萩の城下は阿武川と橋本川の間の三角州であり、城下の中央は湿地帯で海抜も低かった。

大雨の度に堤防が決壊して、町を濁流が襲い、多くの被害が出ていた。

城に近い比較的海抜の高い地域には、多くの寺院や高級武士の屋敷があったが、海抜の低い一般藩士や町民の居住地は幾度も水害に襲われた。

慶親自身も幼少期に水害に遭い、命からがら逃げた経験があった。

慶親は、

「治水の問題を根本解決しなければ、どうしようもない。

広く意見を求めてほしい。」

と家老に命じた。

家臣から、

「姥倉《うばくら》に運河を開削して、川の水が溢れるのを逃がしましょう。」

との意見が出た。

三角州の外側に阿武川から海に向けて、九百メートルの運河を開削するのは大仕事であるから、慶親自ら歩いて視察した。

「これは我が藩始まって以来の大規模な工事になるな。しかし、やらなければ問題は根本解決しない。まずは私の手元金二千両を基金として出そう。藩を挙げて、すぐに工事に取り掛かるぞ。」

と決断した。

これまでの慶親の仁政が幸いして、城下の町民から藩全域の領民までが、惜しげもなく資金提供をした。

二年半に亘った大工事は、安政二年に無事完工した。

姥倉運河が完成してから、萩城下で水害が起きることはなくなったのである。

慶親の政務姿勢は、

「常に民あっての藩であり、武士の本分は民を守り、国を守ることである。」

と、武士には厳しく学問と武術の鍛錬を命じた。

そして慶親は、

「武士は暗記中心の学問と、剣術の鍛錬だけをやっていればいい。」

という保守的な重臣が多いことに気づいた。

すぐに慶親は、

「今やもう武士は刀だけでなく、新式の銃や大砲も用いて戦う訓練をしなければ、この時代の戦に勝つことはできん。来年四月には、二百年振りの大規模な演習を行う。銃や大砲は藩が貸与するから、直ちに習練の準備を初めよ。」

と命じた。

治世だからこそ、乱世に備える

天保十四年（一八四三年）四月に慶親隣席の上、萩郊外に兵一万四千人と五百数十頭の馬が集結して大演習が行われた。

陣笠・陣羽織に身を固めた慶親は、

「節約できることは、徹底的に節約するが、領地・領民を守るためなら、金を惜しんではならん。」

と、仁王立ちになって側近に語った。

翌年には、海からの侵略に備えて海岸の要衝に砲台を築き、沿岸の防備にも努めた。

また江戸藩邸内に武器庫を造り、有事への備えを着々と進めていったのである。

嘉永六年（一八五三年）、ペリーが黒船で来航した時、幕府は各藩に沿岸警備を命じたが、長州藩には大森海岸の警備を命じた。

慶親は用意周到に軍備を整えていたため、すぐに五百人の兵を動員して、大砲三門・小銃百丁の装備で出動した。長きに亘る平和な時代に、各藩は対応が遅れていて、長州藩の機敏な対応に驚愕した。

この対応に感激した幕府は、翌年のペリー再来航に備えて、浦賀周辺の重要地域の警備を全面的に長州藩に命じたのだ。

幕府は御三家と越前松平家・薩摩島津家・仙台伊達家の六家だけに、参勤交代の先頭に三本槍を掲げることを許して、他藩は二本槍と決めていたが、長州藩には特別に三本槍を許した。

幕府は慶親の質実剛健な人柄と、その手腕を高く評価して格上げしたのである。

また、慶親は銃砲の不足も危惧したため、銃砲鋳造所を造り、その後、大砲の鋳造・火薬の製造などに力を入れた。

慶親は外国船並みの艦船の造船を手掛けようとしていたが、ちょうど安政二年の大地震によって、ロシア船ディアナ号が津波で大破して、帰国ができなくなっていたことに目をつけた。

幕府はロシア人を本国に送り届けるために、韮山代官所で洋式の造船を行うことにした。

慶親は素早い対応で、長門の船大工を伊豆へ派遣して、洋式船の製造や操船法を習得させた。

翌年には、萩に洋式船製造所を造り、丙辰丸《へいしんまる》を建造し、更に翌年には庚申丸《こうしんまる》を建造した。

その後も明治維新に向けて、イギリス商人から十隻もの艦船を買い入れて、海軍の強化に努めていったのである。

また後年、吉田松陰が江戸伝馬町牢屋敷で斬首された後、

「吉田松陰の尊皇攘夷の志をよく知り、その志を継ぐ者は終身士分として取り立てる。」

と、何人もの門下生を士分に昇格させた。

慶親は、

「我が藩は尊皇攘夷の大義に勤めなければならない。まだまだ人材が不足している。英俊の者は、門閥も格式も問わず政務に参加させる。それぞれの才能に応じ適任に当てて、諸隊を編成の上、国防に当たらせよ。」

と、国中から人材を登用する令を発した。

慶親は、

「堕落した武士は、非常時には役に立たないが、英才で志ある者は身分を問わず取り立てて大いに活躍してもらう。」

と、次々に人材を掘り起こしていったのである。

慶親の器の大きさ

嘉永六年（一八五三年）十月に、慶親は江戸城に登城して、新将軍の家定に拝謁した。

広々とした謁見の間は百畳ほどで、[単独謁見][集団謁見][畳上][外廊下]など、大名の家格に応じて厳格に決められていた。

慶親は単独謁見のため、畳一畳目に座り平伏して待っていたが、将軍がお成りになって、

「面《おもて》を上げよ。」

との声に、平然と顔を上げて家定の容姿や衣服を直視した。

この時代の将軍への儀礼で面を上げるとは、ほんの少し顔を上げて、せいぜい上段の間の敷居を見る程度で、決して将軍の顔を見てはならないと厳格に決められていた。ところが、慶親は平然と禁を破ったのである。

謁見の儀式の後、慶親は将軍目付け役に呼び止められて、

「上様のお顔を見るとは何事か。無礼極まりないぞ。」

と、強く叱責を受けた。

将軍の顔を堂々と直視するとは、下手をすれば悪意と取られて、切腹ものの暴挙であった。

しかし、慶親は何食わぬ顔で、

「私は無礼を働いた覚えはありません。

万が一、何かの事変があった場合、大名は将軍の指揮下に入り、将軍をお守りしなければなりません。

その時に、将軍の顔も知らないでは困るでしょう。

規則は規則として、知ってはおりますが、そこを考慮していただくべきかと思います。」

と、目付け役の論を捻じ伏せた。

「毛利殿のお考えはよく分かった。本日の謁見式は無事に終えたこととする。」

と目付け役は、慶親の申し出を受け入れざるを得なかったのである。

目付け役は、

「やれやれ、毛利慶親は何とも剛健な男だ。この場の行いといい、その後の諫言といい、何食わぬ顔でやってのけるとは、恐ろしい奴だ。」

と、こぼしていた。

慶親は自らも家臣の諫言を受け入れるし、また相手が幕府であろうと、言うべきことは言うという器の大きな男であった。

情報収集力と人物を見抜く眼力

江戸城での長州藩の控えの間は、薩摩藩や仙台藩など十四家の外様大名と同じ大広間であった。

中でも薩摩藩の島津斉彬《なりあきら》とは、特に親しく情報交換していた。

十歳年上の斉彬とは、勤皇の話題や西洋の技術、西洋式軍艦や地雷や水雷の軍備など、何でも話せる関係となっていたのである。

斉彬は安政五年に亡くなったが、薩摩藩の中では毛利慶親と斉彬の関係や、慶親の人柄や英才さは知られていた。

後に薩長は禁門の変で犬猿の仲となり、その後には一転して薩長同盟を結び、討幕を果たすこととなる。

坂本龍馬が仲介者となり、西郷吉之助が締結に動いて、薩長同盟を成功させたが、その裏には慶親と斉彬が築いた人間関係が、同盟を決定する上での信頼の礎を作っていたのである。

薩摩藩の重臣は長州藩の藩主が慶親であるということを、同盟決定の最大の判断材料にしていたのである。

慶親は萩城内の花之江茶館で、毎月数回家老や明倫館学頭、老臣や役人を慰労するための質素な酒宴を催し、政治や学問、俗世の流行などの情報交換を行った。

それには人物や能力・思想を見定めて、人事に活かすという狙いもあった。

また、江戸藩邸の中に造った得　亭という別邸に月に数回、幕府に勤務する長州出身の者も呼んで酒食を振舞った。

彼らは医学・語学・化学などに精通していて、幕府の内情にも詳しく、諸藩や旗本との交流も広かった。

そのため専門知識のみならず、慶親にとって大変貴重な情報源となっていた。

機密の情報も多く、この会の存在は伏せられて、ごく一部の側近しか知らないものであった。

幕府の内情や西洋事情、諸藩の統治状況や風俗など、慶親は側近に多岐にわたる談話の内容を全て記録させて、後日読み直していた。

その中でも特に、村田蔵六（後の大村益次郎）の秀逸さを見出して、百石取りの大組士として藩士に取り立てた。

大村益次郎は村医の家に生まれたが、身分は農民であった。大村は医学・蘭学・兵学を学び、大坂に出て緒方洪庵の適塾の塾頭まで務めた英才であり、後に維新の十傑の一人に数えられた。

情報収集をしながらも、大村の才を見抜いた慶親の眼力は卓越していたのである。


第二章で詳述するが、弱冠十一歳の吉田寅次郎（松陰）は見事な御前講義を行い、慶親を驚かせた。

その後、十年間に六回の御前講義が行われたが、それ以外にも度々、寅次郎を御書院に呼び出して話をしていた。

ここにも寅次郎の先見力を見抜く、慶親の鋭い眼力があったのである。

寅次郎は度々国禁を犯したが、慶親はできる限りの助命と支援をした。

慶親にとって寅次郎は、何があろうと長州藩の行く末にとって、代え難い人財であったのだ。

浪人となった寅次郎に、

「今後も更に、意見は上申するように。」

と異例の上申を命じている。

また、藩校・明倫館で寅次郎の教えを受けた家老の益田右衛門介に、

「藩内では一介の浪人の建白など許さんという者も多いだろう。

しかし、吉田寅次郎からの意見は一応聞いておくという体にして、必ず私の耳にも入れてほしい。」

と内々に命じていた。

寅次郎の数々の建白が慶親の政治的決断に大きく影響して、長州藩の幕末への処し方が決まっている。

また、この藩主・慶親の支えあっての天才・寅次郎の思想は、後の世を大きく動かしていくことになるのである。

そして日本は不透明な幕末を乗り越えて、明治維新に向けての歩みを進めたのである。

第二章　天才・吉田寅次郎（松陰）

吉田松陰木像　（京都大学附属図書館所蔵）

この父にして、この子有り

後に藩主・慶親に天才と言わしめた男・吉田松陰は、天保元年（一八三〇年）八月四日、長州藩士・杉百合之助の次男として生まれた。

矩方《のりかた》と名付けられ、幼名寅之助、通称は寅次郎、吉田家に養子入りしてからは大次郎、字は義卿、後年に自ら吉田松陰と名乗ることとなる。

父・杉百合乃助は、石高二十六石という極貧の下級武士であったため、低い禄高に苦しみ、藩に願い出て萩城下の松本村に移り住んで、半士半農で田畑を耕す日々となった。

寅次郎はやんちゃ坊主であったが、幼少より利発で物事の呑み込みが早く、その明晰な頭脳は藩内の子供とは懸け離れていた。

父・百合之助は三歳年上の兄・梅太郎と寅次郎に、将来の出世の夢を託して幼少より熱心に教育していた。

貧農の生活とは言え、武士としての誇りを受け継ぎさせたかったため、二人には夜にも書を読ませ、勉学の機会だけは失わせなかったのである。

父は内心、

「できることなら二人を、長州藩の藩校の明倫館で学ばせたいものだ。」

と考えた。

しかし、実情ではそれも難しい暮らしであったため、でき得る限り自ら教育をしていた。

明倫館は水戸藩の弘道館・岡山藩の閑谷学校《しずたにがっこう》と並び、諸藩の藩校を代表する学府の一つと称された。

父は、

「明倫館で優秀な成績を修めれば、役付きの武士となる道にも希望が抱けるが。」

と淡い期待は持っていた。

父は幼い兄弟の秀逸さには目を細めて、決して希望を捨てることはなかった。杉家は教育一家であり、寅次郎は「この父にして、この子有り」という教育者としての道を歩むことになったのである。

田畑での父の英才教育

寅次郎は幼い頃から毎日兄と共に、父に連れられて田畑での野良仕事に明け暮れた。

しかし、ただの百姓とは違い、百合之助は武士の誇りを片時も忘れることはなかった。

農作業の合間にも幼い息子たちに、「四書五経」「史書」「論語」などを教え込んでいたのである。

その頃、上士の子息でさえも、これほど幼い時から英才教育を徹底することは珍しかったし、これほど真摯に父の教えに学ぶ兄弟はなかった。

父が教えてから、二人の幼な子が、

「学びて思わざれば、すなわちくらし、思いて学ばざれば、すなわちあやうし。」

と続けて、大きな声で読誦する。

そして、

「父上、どんなに勉学に励んでも、どんなに書物を読んでも、思慮深い人間にならねばいけないという意味ですね。

物事の道理を身に付けなければ、勉学をする意味がないということ。

勉学は、世の中の役に立たなければ、学んだことにならないという意味ですね。」

と、寅次郎は理解した意味を父に話した。

それを受けて父が、

「そうだ、逆もまた真なりでもある。どんなに一所懸命に思慮を重ねたとしても、本を読んで徹底的に基礎を学ばなければ、人は独断に走ってしまい、正しい判断ができなくなる。

基礎ができていない者は、考えが狭く浅いため、大変危うい判断をしてしまうものだ。

勉学は人として正しい行いをするための、判断する力を養うためにあるのだ。

学んだことは、必ず要点を掴めよ。要点を掴めないのであれば、勉学をしたことにはならん。」

と、父が更に解説をしていく。

そんな親子のやり取りが、来る日も来る日も近隣に聞こえてくる。

この杉家の英才教育は噂となり、松本村名物となったのである。


ある日、父から高山彦九郎《たかやまひこくろう》の話を聞いて、寅次郎は衝撃を受けた。

父は、

「今から五十年も前の話だが、勤皇の志を持つ高山彦九郎という郷士《ごうし》の次男がいた。

まあ、うちと同じような武士の身分のまま農業に努める格の武士だ。

高山は十八歳の時に遺書を残して家出して、各地で勤皇論を説いて歩いたそうだ。京の都では道端で皇居の方角を尋ねて、その場で皇居に向いて土下座で拝礼したという、熱烈な勤皇家であったそうだ。

そして、たまたま真っ白な［奇瑞《きずい》の亀《かめ》］を見つけて、公卿の岩倉具選《ともかず》家に届けて身を寄せたのだ。

そして、公家の中山愛親《なるちか》という人を介して、［奇瑞の亀］を光格天皇に献上した。

このため異例中の異例で、光格天皇にも拝謁できたという話だ。」

寅次郎にとっては、まるで夢のような奇跡の物語であった。

父は、

「昔から真っ白な［奇瑞の亀］というのは、めでたいことが起きる前兆とされたのだ。

歴史的にこの亀が見つかった時には、年号を亀の字の入ったものに改元されるほどの珍しいことであったのだ。

しかし一方、高山彦九郎を天皇に拝謁させたのには別の意味もあった。

尊皇派を締め付けて、朝廷を軽んじる幕府の姿勢に抵抗した公家の策でもあったのだ。

一介の勤皇家の武士を天皇に拝謁させ、徳川幕府を批判する話題作りをしたのだ。

我が藩主の慶親様も、天皇の血筋を引く方であるし、当然長州藩は太古の昔から勤皇の藩であるから、幕府より天皇に仕えることを大切に思っているのだ。

後に高山は、九州で役人に辱められたと言って、多くを語らないまま腹を切って死んだそうだ。」

と続けた。

　この高山彦九郎の話は、寅次郎の心に突き刺さり、終生忘れられない憧れを抱かせたのである。

　寅次郎は、

「父上、私たちと同じ身分の者でも、勤皇の志を大成させれば、天皇に会うこともできるのですか。」

と感動した。

父は、

「そうだ、高山彦九郎が奇瑞の亀という体が白く赤い目をした亀を見つけたのは、亀を探したからではなく、日本の国を想い勤皇の道を究め続けたからだ。

学問というのは、亀を探すためではなく、道を探すためにあるのだ。

正道を究めた者には、必ず道が拓けるから、必死で勉学に励まなければならんぞ。」

と説いた。

誰ともなく、あぜ道を通りかかった者が、

「あの兄弟は、本当に賢いのう。どこか上士のお家の養子にでもなれば、出世できるであろうに。」

と言って、感嘆をもらしていたが、

「この身分階級社会が変わらない限り、貧乏から抜け出せる道は中々ないだろうが。」

と嘆息も混じった。

この時代、身分を超えて優れた者に抜擢人事を行うことは異例で、藩の要職のほとんどは世襲で占められていたのだ。

山鹿流兵学師範　吉田家家督相続

まだ幼い寅次郎と兄は父と共に田畑を耕し雑草をむしり、時折はあぜ道に座って休息を取りながらも、父の教えを受け続けた。

昼間は田畑で働き、夜には読書という生活の中、突然父に弟・賢良の死の報せが来た。

父の弟・賢良は、本家筋の長州藩兵学師範を務める山鹿流兵学の吉田家に養子入りしていた。吉田家に後継ぎがなく、賢良が養子となり家督を継いでいたのだが、まだ二十九歳という若さで病死してしまったのである。

百合之助は、

「賢良はまだ二十九歳というのに。これからという時に、何という不運なことだ。」

と、通夜の席で肩を落とし嘆き悲しんだ。

しかし、親戚筋からは、

「賢良の死は残念なことだが、賢良には子がおらん。山鹿流兵学師範の吉田家の家督をどうするかを急いで決めて、藩に願い出なければならんぞ。」

と、悲しむ暇も与えられなかった。

「事は急ぐ、悲しむのは後にしなければならん。今は吉田家の家督相続を決めねば、お家が断絶となるぞ。梅太郎も寅次郎も、まだ幼いが優秀な子だ。どちらかを養子にして、吉田の家を継がせようではないか。」

と、早速の打診があった。

百合之助は、

「梅太郎は長男だし、貧しいとはいえ杉の家を継がせなければならないだろう。幸い、負けん気の強さといい、利発さといい、寅次郎に吉田家の家督を相続させるのが、よいのではないか。」

と答えた。

「では、寅次郎は六歳だから、吉田の家督を継がせた上で、まだ幼いので当面は親元で修行すると願い出ることにするぞ。明日にでも私が届けを出してくる。」

と即決した。

すぐに親戚が藩に掛け合い、相続と親元での当面の修行の許しを得た。

その上、梅太郎を藩校・明倫館で学ばせるという内諾も得てくれた。

弟・賢良の死の悲しみとは裏腹に、杉家には思わぬ朗報がもたらされたのである。


まだ六歳だった寅次郎に、あまりに突然の大きな転機が訪れた。

寅次郎は吉田家の養子となり、六歳で吉田家の家督を継ぎ八代目当主となった。

長州藩に三家あった兵学師範のうち、山鹿素行《やまがそこう》を始祖とする山鹿流兵学を、藩校・明倫館で講義するのが吉田家代々の務めであった。

しかし、寅次郎がまだ幼いため、相続後しばらくは親元での修行が許された。

とは言え、いつ藩校から講義の要請があるかも知れないため、悠長なことを言っておれなかった。

山鹿流兵学や儒学・孫子の兵法など、できるだけ短期間で修める必要に迫られたのだ。

鬼の師匠・玉木文之進

寅次郎は、父の弟・玉木文之進の教えを乞うこととなった。

文之進は玉木家に養子入りして、山鹿流兵学奥義免許を持っていて、私塾の「松下村塾」を開いていた。

幸い玉木家は杉家からもすぐ近く、寅次郎は叔父の松下村塾で徹底的に指導を受けることとなったのである。

叔父・文之進は実に豪胆な男で、厳しく寅次郎に兵学を叩き込んでいった。

文之進は、

「とにかく早く、山鹿流兵学を教え込まなければならん。

いつ明倫館から出仕の命が下ってもいいように、この幼子に叩き込まなければならない。」

と心を鬼にした。

文之進は情け容赦なく、

「武士たる者、国のために心底尽くす心を持て！

兵学師範というのは、凡人で務まるようなお役目ではないぞ！しっかり身を正して学べ。」

と、厳しい指導姿勢を崩さなかった。

まだ六歳と幼い寅次郎は、時に「とちり」もすれば、長時間の講義に疲れて姿勢を崩すこともあったが、その度文之進は激怒した。


ある時、寅次郎が顔にとまった蚊を、手で追い払うと、文之進は寅次郎の首根っこを掴み、庭に引き摺り出して、

「甘えるな！心が決まってない！集中していないから、蚊がとまったくらいで気が散るのだ。覚悟が決まらん者に、兵学など身に着かん。」

と怒鳴りつけ、容赦なくぶん殴った。

寅次郎はまだ幼く、本来なら叔父である文之進には甘えても仕方ないものを、叔父の暴力にも健気なほどの忍耐を示した。寅次郎の母・瀧は、その激しい指導の様子を見て、我が子の運命的試練に涙していた。

「吉田家の跡取りとなれたのは、あの子にとって幸せでしょうが、ここまでしなければ師範の道はないのですね。寅次郎、努力してきっと大きな人物になってくださいよ。」

と祈っていた。


これまでの父の教えに続き、叔父の壮絶な指導によって、寅次郎には山鹿流兵学と武士道精神が叩き込まれていった。とても六歳とは思えないほどの忍耐で、激しい叔父の指導に従順に向き合い、必死に食らいついていったのである。

「叔父上、いえ師匠！山鹿流も儒学・孫子・孟子も、全てご伝授ください！寅次郎は全て身に着けていきたいと願っていますから、決して逃げ出したりしません！」

と文之進に懇願し、驚くほどの速さで見事に修得していったのである。

さすがの鬼の師匠・文之進も、

「我が甥っ子ながら、たいした奴だ。並の子では、ここまで着いて来ることはできないだろう。寅次郎、これも宿命として受け止め、精進してくれよ。」

と心の中で呟いた。

　文之進は、その先三年の間、決してその激しい指導に手を緩めることはなかった。

　しかし、寅次郎が九歳となった頃には、内心は寅次郎の英才ぶりに舌を巻いていた。

「寅次郎は、きっと来年には私を超えてしまうな。

　嬉しいような、寂しいような気もするが、どこまでの人物になるのか、大きな楽しみができた。

　明倫館に、出仕の準備ができたと報告しよう。皆、きっと驚くだろうな。」

と文之進は目を細めた。

九歳で藩校教授となる

　天保九年一月、寅次郎は九歳にして山鹿流兵学を修め、藩庁から藩校・明倫館教授見習いとして出仕の命が下った。寅次郎は自分より年上の藩士を相手に、明倫館で兵学教授を始めたのであった。

　これまで厳しい指導を受けて、修得した山鹿流兵学であり、上士の子息たち相手でも、何の気後れすることもなく教鞭を執っていた。

　初めは懐疑的な目も多かったが、それを払しょくするのに時間はかからなかった。

　一見、不愛想な教授振りであったが、山鹿流兵学を相手の力量に応じて説いていた。

　叔父・文之進の猛特訓を乗り切った寅次郎には、すでに人を惹きつける人間力が備わっていたし、相手の力量や性格を見極めることにも長けていたため、二度も講義に出れば皆たちまちに寅次郎を慕っていった。

他の明倫館教授たちも、

「九歳にして、この教え振りとは恐れ入る。この長州藩にも凄い奴がいたものだ。」

と驚きを隠さなかった。


この噂はたちまち藩内に広まり、家老の村田清風から、

「殿、九歳で明倫館山鹿流兵学の教鞭を執るという天才が出てきましたぞ。自慢ではありませんが、私も明倫館では首席でしたが、私も足元にも及びませんな。」

と藩主・慶親の耳にも届けられた。

「九歳か。私より十二歳も年下ではないか。萩にも凄い奴がいたものだな。名は何というのか。」

「はい、吉田寅次郎と申す者です。幼い頃から、父と叔父に昼夜問わずに鍛えられてきたそうです。今回の参勤交代はもう間近ですから、次のご帰国後の御前講義教授に加えましょう。」

「うん、そうだな。これで次回の帰国の楽しみができたな。」

と、二人は長州藩に出現した天才の登場を喜んでいた。


明倫館の充実に心血を注いでいた慶親は、帰国の度に必ず明倫館教授に御前講義をさせていたが、自らの勉学のためと、教授たちの精進ぶりを確認していたのである。

この政策は、教育を重視していた村田清風の進言も多く取り入れながら、共に充実を図っていた。

長州藩は、諸藩の中でも最も文武両道の教育に力を入れていた。

それは、

「平時であるからこそ、乱世に備える。」

という慶親と村田の共通した哲学であった。

寅次郎の英才ぶりを知ってからの村田は、何かにつけ寅次郎に目を掛けて、末恐ろしい力を伸ばしてやりたいと考えていた。寅次郎もまた、何かにつけ的確な助言をくれる村田を師と仰いでいたのである。

十一歳、主君驚愕の御前講義

一年と少し後、ちょうど藩主・慶親が参勤交代を終えて、江戸から萩に帰国してきた。

戻ってから間もなく慶親は、

「各師範の講義の課題はここに書いておいたから、明倫館の教授たちに自分や重臣の前で講義するように伝えよ。」

と御前講義を命じた。

参勤の疲れも癒えない中での御前講義は、まだ二十三歳の慶親の学習意欲の表れであった。

また同時に、

「藩校改革の成果として、文武各師範の精進ぶりを確認したい。」

という藩士教育に対する想い入れの強さでもあった。

家老が、

「殿、明倫館の兵学教授ですが、山鹿流の吉田寅次郎はまだ十一歳でございます。

殿の御前で、どれほどの講義ができるものか、甚だ疑問でございますが、いかがいたしますか。」

と慶親に相談に来た。

　慶親は寅次郎のことを村田から聞いて知っていたが、

「ほう、まだ十一歳か、それですでに明倫館で教鞭を執っておるのか。たいした優れ者ではないか。それは楽しみな奴だ。」

と言った。

　家老は、

「かなりの利発者のようで、九歳から明倫館の兵学教授を務めております。年上の者にも物怖じせずに、堂々と教授いたしておりまして、皆からも随分慕われているそうです。」

と答えた。

「その者はまだ正式師範ではないが、教授見習いであっても文武各師範の一人であるから、登城させて私と重臣たちの前で講義するように伝えてくれ。山鹿流兵学なら、［武教全書の戦法篇］を聞いてみたい。十一歳で、どんな話を聞かせてくれるか、楽しみではないか。」

と慶親は家老に微笑んだ。

　御前講義の当日、重臣たちは寅次郎を見るや、

「なんだ、まだ子供じゃないか。大丈夫なのか？」

と訝《いぶか》しげに見ていた。

寅次郎は殿の前に進み、自信に満ちた表情で堂々と振舞った。

「山鹿流兵学、吉田寅次郎と申します。

本日は殿の御前で、山鹿流伝書［武教全書］の講義をさせていただきます。宜しくお願いいたします。」

と挨拶した。

「うん、吉田寅次郎、楽しみにしておったぞ。早速始めてくれ。」

と慶親は穏やかに微笑んだ。

寅次郎は、山鹿流伝書［武教全書］の講義に、孫子の兵法を織り交ぜながらの講義を行った。

「上下欲を同じくする者は勝つ！

主君と藩士が目的・目標・手段を完全に共有している国が栄え、勝ち残るのです！

これは山鹿素行《やまがそこう》先生の［武教全書］にある［常の勝敗は現在なり］、つまり今この時に、何をするかで勝敗が決まるということに通じます。

しかしながら、その基軸となるのは殿のお考えになる目的と、藩臣の想いが完全一致することです。

そうなれば、家臣は殿の立てられた藩政に対して、持てる能力を全て注ぎ込みます。

明倫館においては、人としての道を知ることの重要性と、もし道を学ばなければ藩にとっての害にしかならないと教えております。我が長州藩を日本屈指の強国とするために、殿が明倫館の充実に腐心されていること、誠に正しい政治であると考えます。」

と寅次郎は堂々たる講義を行った。

藩主・慶親はじめ重臣たちは、

「山鹿流兵法の裏付けに、孫子の兵法か。何より、あの自信満々な講義振り。なるほど、噂以上の教授振りだ。」

と寅次郎の堂々たる講義に釘付けとなった。

思わず背筋を伸ばして聞き入ると共に、その説得力のあるしっかりとした口調と、理路整然とした教授振りに驚愕させられた。

講義を聞き終えた慶親は、

「吉田寅次郎、お前は何歳だと言うたか。」

「はい、十一歳でございます。」

と寅次郎が答えると、

「私より十二も年下であるか。よう精進しておるな。見事な講義であった。また時々、書院に来て講義を聞かせてくれ。」

と慶親は興奮気味に言った。

二十三歳の慶親は、これまでも熱心に古典をはじめ様々な勉学に励んできたが、

「これぞ正に天才だ。経寸十枚国宝にあらず、一隅を照らす、これ即ち国宝なり、ということだ。」

と心中で呟いた。

「たとえ多くの金銀財宝があろうとも、それは本当の宝ではなく、自分のなすべきことに精進して、国に尽くす人

材こそ本物の宝である。」

という高僧・最澄の言葉である。

重臣たちもまた、

「我が藩にも、凄い者がいたものだ。あれは長州一の天才だ。」

と舌を巻いた。

こうして寅次郎の天才ぶりは、改めて藩内に知れ渡り、これまで寅次郎の教育に心血を注いだ父・百合之助や、叔父・文之進の耳にもすぐにその噂は届き、

「文之進、苦労の甲斐があったな。」

「兄上、寅次郎は本当によく精進しましたな。あの勉学熱心な殿を驚かすとは、立派なものです。」

と喜び合った。

突然の孫子講義依頼

その後の慶親は、寅次郎の成長ぶりが楽しみでならなくなった。寅次郎に惚れ込み、萩での帰国滞在中は御前講義以外にも必ず召し出して、差し向かいで講義を聞くことも多かった。

初講義から四年が経った頃、いわゆる無茶振りに何と答えてくるかと、慶親にちょっとした悪戯心が芽生えていた。それまでも多岐にわたる講義を受けてきた慶親であるが、山鹿流の全講義を終えて、寅次郎が、

「殿、これで殿は山鹿流免許皆伝です。」

と伝えた。

　すると突然、慶親は寅次郎に、

「寅次郎、今日はもうしばらくお前の講義を聞きたい。

事前に知らせてはいないが、孫子の兵法・第六篇・虚実篇を講義してくれんか。」

と願った。

　通常は事前に講義内容が指示されて、準備をしてから向かうのであるが、その日は不意打ちであった。

　慶親は内心、

「さすがの寅次郎も、不意打ちには叶わないだろう。さて、どんな話をするのか、楽しみだな。」

と悪戯っぽい薄ら笑いを浮かべていた。

　寅次郎は、

「はい。」

と答えてから、一瞬だけ間を開けた。

　慶親は、

「やはり急な願いでは準備もできんから、無理か。いやいや、悪いことをしたな。

また次の機会でもよいぞ。」

と大らかな態度を取って見せた。

　ところが寅次郎は、一切動じることなく語り始めた。

「殿、大丈夫です。先ほど一瞬、本日殿はなぜ第六篇・虚実篇をお聞きになりたかったのか、と考えていたのでしたが、未熟者のため考えが及びませんでした。

殿に余計なお気遣いをさせてしまい、申し訳ありませんでした。本来なら第一篇から順に詳しくご説明したく存じますが、本日は第六篇・虚実篇ということですので、第一篇からは簡単に辿ってまいります。

さて、孫子は全十三篇で書かれておりますが、勝負は時の運ではなく、人にあるということが綴られています。そして特に主君の将たる才覚について、厳しく論じられています。」

と語り始めた。

そして、

「第一篇の始計篇では、戦う前にその戦いが真に相まみえる意義があるかどうか、考慮すべきことについてであります。次に、第二篇の作戦篇では戦いの方針の立て方についてです。

第三篇の謀攻篇は、戦わずして勝つという方法、第四篇は形篇で攻守の態勢について、第五篇は勢篇で軍の勢いについてです。

殿がご希望の第六篇・虚実篇は、戦においての主導権の取り方があります。

第七篇は軍争篇で敵の機先を制す方法、第八篇は九変篇で戦局変化に臨機応変に対応するための九つの手立てがあり、第九篇は行軍篇で進軍する際の注意点です。

第十篇は地形篇で戦場の地形と戦術のあり方、第十一篇は九地篇で九種類の地勢に応じた戦術、第十二篇は火攻篇で火攻めの戦術について書かれております。そして、最後に第十三篇・用間篇では敵情視察について、敵情を知るために金を惜しむ者は馬鹿であると書いてあります。」

と続けた。

本論に入り、

「孫子は、今から二千数百年もの昔に、孫武が書いたものであります。その中核の思想は、いかに無駄な血を流すことなく、一兵も失うことなく勝つか、つまりいかにして戦わずして勝つかということです。

あるいは勝ち目のない戦いに、闇雲に乗り込むことは、全くの愚であります。

五分の相手なら、勝てる時期を見定めて、確実な勝ちを取りにいくことです。

つまり孫子は、勝つための兵法書であると同時に、負けないことを徹底するための不敗の書であります。」

と講義した。

そして、

「さて、残り十二篇はまたの機会にということで、本論の虚実篇に戻りたいと思います。

先ほど申し上げたように、虚実篇には戦いにおいての主導権の取り方が書かれております。

孫子曰く、「およそ先に戦地に処《お》りて敵を待つ者は佚《いっ》し、後れて戦地に処りて戦いに趨《おもむ》く者は労す。故に善く戦う者は、人を致して人に致されず。」とあります。

つまり、先に戦場に入り、余裕を持てれば絶対に有利となり、逆に後れを取れば戦局は不利になるということです。

そして将たる者、人の意見に振り回されず、あえて言うならば、振り回す側に立てということです。

また、主導権を取ってからは、実を避けて虚を撃つ、つまり敵の態勢が整った所は攻めず、手薄なところを攻めるということです。

「兵に常勢なく水に常形なし」、つまり軍勢にも必ず変化がありますから、戦局を決め付けず、変化に敏感にならなければなりません。政治全体に目を向けて考えれば、時代の変化に鈍感で保守的な主君では、乱世を勝ち抜くことはできないということです。」

と語った。


その後も寅次郎の講義は、滔滔《とうとう》と続けられた。

慶親は只々目を丸くするばかりで、

「寅次郎、実に天晴《あっぱれ》な講義であった。準備もせずに、ここまでの講義を行うとは感服したぞ。私は少し開眼した気分だ。国を守る藩主として、孫子は学んできたが、お前ほどには深い理解ができていなかった。褒美と言っては何だが、私の手元に滅多に手に入らん貴重な古典書がある。［七書直解《しちしょちょくかい》］の全十四冊だ。これをお前に贈ろう。」

「［七書直解］は、まだ読んだことがありません。そんな大切な古典書を、いただけるのですか。有り難く頂戴いたします。穴が開くほど読ませていただき、またいずれ殿にご報告申し上げます。」

と寅次郎は胸躍らせた。

寅次郎の学習意欲・読書欲は凄まじいものがあり、手に入らない古典書をもらえるとは、最高の褒美であった。

主君、家臣に弟子入りする

目覚ましい成長を続ける寅次郎であったが、十九歳の時、慶親に呼び出されて、

「寅次郎、山田亦介より長沼流兵学も伝授されたらしいな。

山鹿流・長沼流兵学の双璧を修めるとは、実によくやった。

お前を正式に長州藩兵学師範に任命する。変わらず一層励んでくれよ。」

と、正式に兵学師範の地位を与えられた。

「はい、有り難き幸せでございます。尚一層の精進をお誓い申し上げます。」

と礼を言う寅次郎の顔には、全く驕りも慢心もなかった。

「名も地位も要らぬ、ただ自らが目指す思想・哲学を理論と実践で極めたい。

そしてそれを殿にお伝えしたい。」

という思いであった。


それから二年後の嘉永三年、二十一歳となった寅次郎は、山鹿流「武教全書」の守城篇の講義を行った。

武士の覚悟というものを、籠城の際の藩主自身の心得を厳しく説いたのである。

「城主たる殿が籠城して、我が城・我が領土を守ると決めるのは、何としても守り抜かねばならない義と理があるからです。その義と理に照らせば、殿はもし負けた場合には、必ず切腹とのお覚悟が必要です。

それが功利を捨てて義理につくという、ご城主の堅固な意志というものであります。

まさかの時には降伏しようなどとのお考えが、微塵でもお有りであれば、初めから敵の軍門に降《くだ》るしかないのです。」

と断じた。

「とは言え、自分に切腹の覚悟ができているからといって、その後の人民がどうなっても構わないというお考えならば、戦端を開く資格もない無能な城主でしかないのです。

民百姓の心が離れるようでは、戦い以前にすでに負けたのも同じこと。織田信長公が桶狭間の戦いで勝利できたのは、信長公の進軍に気が付いた民百姓の誰一人として、敵である今川方に情報を洩らさなかったためです。信長公は重臣には厳しかったそうですが、民百姓にはそれほど慕われていたのです。民百姓を守るために戦うのが、武士道の根本であります。ご城主におかれましては、これこそが第一義なのであります。殿は民百姓と国の安泰を重んじて、そのためには我が身を犠牲にする覚悟が要ります。殿にその覚悟がお有りであれば、家来も民百姓も一致団結して、喜んで一命を捨てる決意を致すものです。」

と厳しい口調で述べた。

それは講義の域を超えて、諌言に等しいものであった。

慶親は、

「うーん。」

と唸り、暫し絶句した。

そして、寅次郎の目を見据えて、

「私はまだまだ学びが足りない上に、お前に比べてまるで理解が浅かった。自分なりには、励んできたつもりであったが、お前の諌言には敵《かな》わんな。寅次郎、私をお前の弟子にしてくれんか。」

と言った。

そして慶親は、

「私は本気だぞ。」

と、両手の指先を膝の前について、草の礼をした。

草の礼とは会釈程度の礼であったが、主君が家臣に対して頭を下げ、弟子の礼を取ったのである。

寅次郎は慌てて、

「殿が家臣に弟子入りだなどと、そのようなお戯れを申されてはいけません。

殿は我が主君であります。お手をお上げください。」

と返した。

主君が家来である藩士の弟子になるとは、前代未聞のことである。

ところが、慶親はいたって真面目に寅次郎に、

「寅次郎、仏教の教えでは、親子は一世・夫婦は二世・主従は三世・師弟は七世と言うではないか。

人は、輪廻転生を繰り返す中で、親子は今世だけの出逢いで、夫婦は二度出逢うという。

今のままの主従関係では、お前とは三度しか出逢うことができないのだ。

師弟は七世、七度《ななたび》生まれ変わっても、七度出逢うことができる。

私は家臣であるお前の弟子となってでも、お前と七度の人生で出逢いたいのだ。

そして、これから民のために一心不乱に学び、より良き城主とならなければならない。」

と再度両手を着いて、弟子の礼を取ったのである。

慶親は、十二歳も年下の家来に弟子入りするほどの純粋な人物であり、武士道をひたすら追い求める立派な藩主であった。

寅次郎の目には薄っすらと光るものがあり、

「殿、もったいないお言葉ですが、私は長州藩のためだけでなく、幕府のためでもなく、日本国のために働きたく存じます。殿がそれをお認めくだされば、この吉田寅次郎、一命を賭してお勤め申し上げます。」

と一言献上の後、言葉が続かなかった。

慶親は、

「いかにも。私のためだけではないぞ。長州藩の領地・領民を守るためだけではなく、この日本国を守るために、お前は必要な人材だ。私ももっと視野を拡げて、お前と共に日本の行く末を考える。これからも共に精進しよう。宜しく頼むぞ。」

と、まるでその後の日本の大混乱を予期しているかの如く語り合った。

こうして主君・慶親は、家臣・吉田寅次郎に弟子入りしたのである。

実践哲学を目指す思想追求

寅次郎はあらゆる古典や兵学に精通し、その思想は完成の域に近づきつつあった。すでに単なる兵法学者の領域ではなく、哲学者として、思想家として確立し始めていたのである。

寅次郎が極めるべきと考えたのは、

「思想は［実践哲学］［行動哲学］となってこそ、初めて国家への真の貢献となること。真に国家のお役に立つとは、何をなすべきなのか。」

と自問した。

寅次郎は、

「孫子の将の五徳［智・信・仁・勇・厳］、人の上に立つ者の徳とは、何を極めることなのか。儒教に於いては、孔子の道徳律・五常「仁・義・礼・智・信」、正に人生哲学として脈々と繋がっている。そんな教えに精通した孟子は、人民の真の救済のためには政治哲学を極めねばならないと、更にその深みを追求した。」

と呟いた。

「仁とは人の心そのものである。義は人の倫《みち》という道徳律である。

つまり、仁義の実践は君主の責任である。

古典の教えは、全てが相通じている。まずは理解と判断力のために、もっと学問を究め、より明晰な頭脳を磨き上げて、智を確立しなければ、社会にお役に立つ人間にはなれない。」

と哲学に耽っていた。

「嘘偽りのない誠実な生き様こそ、人の言葉と心を一つにする信となる。

仁は仁愛であり、人を愛すること、人としての思いやり、惻隠《そくいん》の情こそ仁の始まり。

民の苦しみに、憐れみも同情もできない者が仁を語るのは、浮ついた綺麗事でしかない。

これらを本気でやり抜く実践行動には、奮い立つ勇猛さが肝要である。

己の心を奮い立たせて、何物も恐れず突き進む気力を満たしておかなければならない。

たとえ主君であろうとも、過ちには厳しく諌言《かんげん》する。

そこに迷いが生じるならば、まだ学問の領域を突破してはいないからだ。」

と真理を追究し続けた。


「孟子は、人は生まれながらにして善であり、その本性に備わる四つの心を軸に置いた。

惻隠の情とは、人に対する憐れみと同情で、それを突き詰めることができて初めて大愛に達する。

羞恥の心、はじらいも善に向かいたいという心の求めがあるからである。

譲り合うという辞譲《じじょう》の心も、また道徳として善悪の規範をつくるのだ。

即ち己をわきまえることこそが、物事の善悪を見定めるための是非というもの。

良い・悪いでなく、物事はそれまでにやったことが道筋をつくり、勢いを増しながら激流ができていくのだ。

やはりその根本は、王たる者の徳に辿り着く。

民を尊しと為すという政治信条のない王は存在価値を失い、次の時代の君主に地位を明け渡さなければならない。

全ては人民のための政治であり、民が富まないならば国も富むことはない。」

と世の中の変化の源流を探し求めて、思想追求の哲学に耽った。

「学びというものは、国家への貢献なくして、完成の域には到達しないのだ。

もっと学びたい。もっと多くの師に出逢いたい。もっと多くの書に触れたい。」

と、寅次郎の思想追求は留まるところを知らなかった。

萩の地にいて学ぶだけでは、自分の限界突破ができない気がしていた。

「もっと、自らの成長速度を上げていかなければならない。留学して、もっと自分の実学を磨きたい。」

と萩の外に出向いて、これまでの学びを大成させたい、という想いに駆られていたのである。

第三章　寅次郎、刮目の旅

寛政異学の禁

寅次郎は、

「いかに徳川幕府であっても、封建の下《もと》に民を無視して保身を図れば、必ずいつか瓦解するはず。そうなれば日本は混乱し、たちまち危機的な状況に陥るだろう。幕府のためではなく、この日本国を強くし、民を豊かにすることが一番大事なことだ。」

と日々考えに考え、思索に没頭した。

寅次郎の危機感が日増しに強まるなる中、幕府は一層封建制を強めた。

寛政二年（一七九〇年）に、「寛政異学の禁」を発布したのである。

官学とする朱子学以外の、幕府にとって都合の悪い孟子や陽明学を異端の学問として禁じたのだ。幕府の指導力が低下していたため、幕府と諸藩の上下の秩序を重視した朱子学を、正学として復興させたかった。そのために、流行していた朱子学を否定する古文辞学や古学を、「風俗を乱す」として規制したのである。

幕府に対する寅次郎の危惧は現実となった。

「幕府は何と馬鹿なことをやっているのか。根本的に徳川幕府を守るためだけの内向きな政策では、逆に孟子や陽明学の方が優れていると言っているようなものだ。

幕臣たちは日本国家のことを考えず、自分たちの保身しか考えていないのだ。

自分たちに都合のいい浅知恵しか浮かばないのか。

幕府が大事を忘れて小事に走り、学問に規制を掛ければ必ず逆効果になるはずだ。

こんな政策では、幕府は自縄自縛になって、早晩批判勢力を増やすだけだ。」

と呆れ果てて、怒りと共に幕府を諫めたいという気持ちが込み上げてきた。

明の時代、儒学者の王陽明が唱えた陽明学は、孟子の思想に実践哲学・行動哲学をより色濃く現した。民は平等であると主張するため、幕府にとっては極めて不都合なものであった。

幕府が保身のために「異学の禁」を発布したのは、政権批判や政権転覆などを防ぐことが目的であり、幕府に不都合な教えを排除しようということは明々白々であった。

寅次郎はいよいよ憤り、

「君主が民衆のための政治を行わず、その地位に恋々とするのであれば、もはや孟子の「革命是認思想」しかなくなるだろう。なぜそれが解らんのか。

こうなれば幕府の改心を求め、諫幕《かんばく》の大きな渦をつくり、本来の民衆のための政治を取り戻すしかない。」

と諫幕に傾倒を強めていった。

九州遊歴の旅

「藩主・慶親様にどれほど褒められようとも、まだまだ道半ばである。実学となるものを極めなければならない。

山鹿流兵学も、もはや時代遅れとなりつつあるのかも知れない。

清の国も、西洋の列強に負けたというから、西洋兵学も学ぶ必要がある。」

と寅次郎は世界の変化を痛感していた。

「萩ではこれ以上視野が広がらない。陽明学の書も萩では手に入らない。

外で学ばなければ、時代に取り残されてしまう。」

と萩の外に出て、外の才に触れたいと思った。

寅次郎は十六歳の時から、一旦隠退していた村田の山荘を訪ねて、「四峠《しとう》の論《ろん》」という教えを受けていた。

「萩の地は北を海に、三方を山に囲まれて、周りには四つの峠がある。

これは外敵を防ぐ上では都合がいいが、その堅牢さに安眠すれば、逆に視野が狭くなる。

それでは時勢の変化に取り残されてしまう。

この峠を越えて、外の世界を知らなければ、天下の形勢を理解することはできない。

志ある者は、外に出て学ぶべきである。」

という視野を拡げることの教えであった。

この村田の教えに心酔していた寅次郎は、何年も機会を窺っていた。

そして二十一歳の時に村田に相談の上、慶親に九州遊歴の旅を願い出て、十ヶ月の暇の許しを得た。

藩庁への願書には、

「平戸藩の山鹿流の鍛錬者として名高い、葉山左内の所で軍学の稽古をしたい。」

というもので、以前から名声を耳にしていた葉山佐内に惹かれていたのである。

寅次郎は萩から下関へ行き、体調を崩して数日間留まったが、借りた本の読書や時世の議論などを続け、安静にしていることはなかった。いかに体調が悪くとも、その向学心が衰えることはなかった。

そして九州に渡り、小倉・佐賀から長崎に入って、唐人屋敷・オランダ商館を見て歩き、オランダの汽船にも乗せてもらった。

寅次郎は西洋文明や技術力に驚き、ますます好奇心が沸いて、スープや洋酒やパンも食してみた。

寅次郎は純粋な気持ちで現場に立ち、現物に触れ現実を噛み締めて、これからの国のあり方を考えたかったのだ。

村田の助言もあって、事前に伝手《つて》を頼りに、会いたい相手への紹介状を携えていたため、多くの知己と経験を得ることができたのである。


松陰は長崎から本来の旅の目的地である平戸へ入った。

まずは肥前平戸藩の山鹿流兵学者の山鹿万介を訪ねて、山鹿流兵学の真髄を学び直そうとした。

山鹿流が時代遅れとなりつつあることを危惧しながらも、武士道精神を土台とした山鹿流兵学の思想を否定するものではなかった。そのため入門書を携えて行ったのであるが、万介は高齢の上、病に伏していて見舞い方々の挨拶しかできなかった。

万介と多くを語り合えなかったことは悔やまれたが、最大の目的は儒学者で平戸藩・寺社奉行であり、後に平戸藩・家老となる葉山佐内を訪ねることであった。

そして左内に面談が叶い、その素晴らしい人格に魅せられ、後々の生き方に大きな影響を受けた。

陽明学の教えを乞うことも勿論であるが、人間学を体現しているような左内という人物への感動が大きかった。

左内は、

「学問は実行してこそ価値を生むものです。

正しい考えであっても、実行しないのであれば、それは学問ではないのです。」

と早速、陽明学の思想を説いてくれた。

寅次郎は大いに賛同して、五十日余り平戸に留まることにした。

佐内もまた、寅次郎の憂国の想いに打たれ、協力を惜しまなかった。

「紙屋という宿を紹介するので、そちらに滞在するといいでしょう。食事もまだでしょうから、あり合わせの粗食の麦飯でも差し上げましょう。」

と自然体でもてなしてくれた。


「左内先生は偉ぶるところなど全くなく、伺う度にいつも食事や餅や果物を出してくださった。それも一切わざわざ買い求めたものではなく、自然な親切心であり合わせのものでもてなしてくださった。人を指導するということは、自分自身の全人格が最大の教材なのだ。」

と日記に書き残した。

それは後の松陰の、塾生に対する松下村塾での指導姿勢そのものになったのである。

左内は、

「私の蔵書をしばらくお貸ししよう。八十冊以上あるが、好きな物をお読みなさい。筆写するのも遠慮なくどうぞ。あなたが一番読みたいはずの、陽明学の［伝習録］もありますよ。異学の禁などという時世では、なかなか手に入れることができなくなりましたな。」

という言葉に、寅次郎は飛び上がりそうな興奮を覚えた。

寅次郎は、禁書であった陽明学の［伝習録］をはじめ、八十冊以上の書を借りて、全てを貪るように読み筆写を続けた。寅次郎は二ヶ月近く平戸に滞在して読書と書写を続けて、時折左内に教えを乞いながら、その教えを腹に落とし続けた。

寅次郎は、

「知行合一、知識を身につけていくことは、行動することの始まり、行動とは身につけた知識を完成させることである。

聖人の学問での修行というものは、唯一知ることと行うことを別のものとせず、一つのこととするのだ。知識と行動は別々のものではない。知っていて行わないのは知らないに等しい。その上、知っていることで能書きばかり言うのであれば、これはむしろ罪悪である。知って行うことが本物の知恵である。学び・考え・行動の一致、知行合一こそ実学。真に深く真理を知れば、誰でも必ず行動に及ぶ。知っていて行動しない者は、真の知識人ではない。」

との確信を得た。

後に自ら著した「講孟余話」には、弓と標的に例えて、

「学問もせず行動するのは、標的を見ずに弓矢を射放つようなものである。標的への当て方という知識と理論だけ持っていても、実際に矢を射ることができなければ、矢は標的に向かって飛んでいく訳がない。知識か実践かではなく、知識と実践は二つで一つなのである。」

と書いた。

寅次郎は、

「死ぬほどの努力で学んできたことを、これからの日本のために活かさずにおれるはずはない。」

と強く決意するのであった。

そして肥後熊本を遊歴し、山鹿流兵学者で志士の宮部鼎蔵《ていぞう》との運命的な出逢いがあった。

宮部とは藩は違えども、同じ山鹿流兵学を志す身であったため、すぐに意気投合した。

宮部は十歳年上であったが、とても純粋な男で、

「吉田さん、私より随分若いのに、よく勉学を修めていますね。やはり大切なのは知行合一ですよ。国防の実態を我々の目で見て、何を実践すべきか語り合い、実現に向けようではないですか。また是非、萩にも行ってみたいし、近いうちに江戸でも再会しましょう。まずは江戸周辺の防衛が、国防の要ですからね。」

とより深い親交を誓い合った。

宮部とは後に江戸で再会し、寅次郎が脱藩の罪に問われることとなる東北踏査の旅に連れ立つこととなる。

江戸留学、象門を叩く

翌年の嘉永四年（一八五一年）正月、寅次郎は御前講義の後、

「殿、お願いがあります。この度の参勤に同行させていただき、江戸での兵学修行のお許しをいただけないでしょうか。」

と請願した。

藩主・慶親は家老を通じ、

「明倫館師範の吉田寅次郎を参勤交代に随行とする。江戸での兵学研究を進めさせるため、参勤に先んじて江戸へ参るように命じてくれ。」

と、江戸での時間をなるべく多く取れるように計らってくれたのである。

　これも寅次郎は事前に村田に相談し、

「好機は絶対に逃してはいけない。今だ、という時はすぐに過去となってしまう。過去を憂うことなく、未来にも囚われず、たった今を精一杯生きるという、而今《じこん》が大事なのだ。」

という意が籠った送別の手紙を贈られていた。

　寅次郎は、

「先日来、お宅にお邪魔して、色々な教えをいただき、心から満ち足りた想いでおります。特にいただいたお手紙の内容は、修行の急所に迫る戒めと承ります。世情は大変混乱しており、騒然としています。拙い筆で心情を十分にお伝えできませんが、どうかお察しください。恐れ多いことですが、国の立て直しのために、どうか大切なお身体をご自愛ください。」

と感激して、手紙をしたためた。

　参勤交代随行という藩主の命令があれば、一年近く大手を振って、江戸留学ができるのであるから、寅次郎は興奮を抑えきれなかった。

寅次郎としては兵学修行というのは建前で、江戸に出て世界の情勢を学ぶというのが一番の目的であった。

そのためこの命令は、この上ない喜びであり、

「佐久間象山先生に、古賀茶渓《さけい》先生に、安積艮斎《あさかごんさい》先生に、他にも多くの師から学ばなければ。

これは忙しくなるぞ。」

と、師事する思想家などを思い浮かべては、思わず笑みをこぼした。

やはり地方とは違い、江戸には有名な学者や師となる思想家が集まっていた。

寅次郎の胸は大きな期待で、今にも張り裂けそうなほどであった。

特に、信州松代藩士の佐久間象山は、兵学者・蘭学者としても、朱子学者・思想家としても著名であった。

九州では葉山左内からも、

「私は「言志四録」を書かれた著名な儒学者・佐藤一斎先生の弟子でしたが、佐久間象山先生もまた門下生でした。

象山先生はかなりの自信家で、太々しい物言いの人ですが、よく知り合うと遥かに学ぶことの方が多い魅力的な人です。

何より、先生は諸学を極めているのみならず、オランダ語をはじめ、オランダの自然科学書・医学書・兵学書などにも精通されています。

西洋の学問を学ぶとすれば、まず象山先生以上の人はいませんよ。

先生は知識だけではなく、大砲の鋳造に成功するなど、西洋砲術家としての名声も高い。

とにかく知行合一の実践家としては、この上ない魅力的な師匠ですよ。

江戸に行くことがあれば、佐久間象山先生の門を叩いてみなさい。」

と、その激賞を耳にしていた。

早く教えを乞いたいと、寅次郎は入門への想いを募らせた。


象門（佐久間象山門下）には、勝海舟、小林虎三郎らの俊才が続々と入門しており、後に河井継之助や坂本龍馬、橋本左内など幕末維新の立役者たちに多大なる影響を与えていった。

早速の入門を望む寅次郎であったが、勉学以外には気が回らず、平服のままで象山に会いに行ってしまった。

「長州藩士・吉田寅次郎と申します。是非とも、先生の門下に加えてください。」

と入門を請うた。

そんな寅次郎に象山は、

「そのような平服で、入門の願い出とは何事か。お前は、師に対する礼儀も知らんのか。」

と叱り飛ばした。

「ご無礼をお許しください。すぐに出直してまいります。」

と寅次郎は即座に詫びを入れ、急いで裃《かみしも》に着替えに戻った。

大急ぎで象山の元へ走り、弟子入りの礼を取り、再び入門の許しを請うた。

「ほう、お前はもう来たのか。その早さは、どうやら本気のようだな。

吉田は長州藩士と言ったな。長州では何をしておったのか。」

と象山が聞いた。

「はい、萩にある藩校の明倫館で、九歳の時から山鹿流兵法の教授をしておりました。今は二十一歳ですが、昨年藩主より正式に長州藩の兵法師範を認められました。この度は佐久間象山先生に教えを乞いたくて、参勤に随行を願い出たのです。」

象山は驚いた様子で、

「明倫館と言えば、日本三大藩校として有名ではないか。九歳から兵学教授を務めるとは、滅多にいない秀才だな。よし入門を許す、大いに励め。」

と象山は寅次郎の英才ぶりと、機敏な対応に機嫌を直した。

佐久間象山という男はかなり自信過剰な性格との噂を聞いていたが、会って話してみると、やはり思った以上であった。

象山は独特のギョロっとした目で、寅次郎を見据えて、

「私以上の見識と胆識のある者はいない。即ち私は日本国家の財産なのである。西洋の知識も、私以上に精通する者は他にいない。たとえ相手が幕府であっても、私は国家のために一歩も引かずに物を申す。だいたい幕府は私がいなければ、まともに大砲も撃てやしないのだ。今後の日本を担う人材は、必ず私の塾から輩出することになる。私は天下一の師であるから、吉田は心してしっかりと学び、大きな人物になれ。」

といきなり不遜な態度で言ってのけた。

寅次郎は些か面食らったが、あのギョロ目で自信満々に語る象山に惹かれていた。

そこに、勉学と実践の双方を極めてきた、師の圧倒的な自信を見たのである。

八年前に松代藩主・真田幸貫《さなだゆきつら》は幕府老中・海防掛《かいぼうがかり》になっていて、象山は「海防八策」を上申していた。

象山は幕府の鎖国政策など意にも介さず、

「西洋に習い大艦をつくり、海軍を興して、海運取締りの官を設けて異国通商を進める。」

など、大胆不敵な政策提言を行っていた。

象山は和魂洋才を訴え、西洋に学ぶという考え方の先駆けであった。

それによって、象山は知らぬ者のいない存在になっていたのだ。

ひと月遅れで、熊本から宮部鼎蔵が入門してきた。

寅次郎は宮部と共に学べることに胸を躍らせ、

「宮部さん、その節はお世話になりました。共に象門で、明日の日本のあるべき姿を語り合いましょう。」

と歓迎した。

宮部は、

「吉田さんが江戸留学中だと、途中で耳にしていましたよ。

それならば、必ずここにいるはずだと思ったら、やはりいましたな。」

と笑い、再会を喜び合った。

歴史は形を変えて繰り返す

「世界を知った上で日本を考えなければ、民を尊しとする日本の政治は実現しない。」

と寅次郎は、佐久間象山や古賀茶渓の洋学塾の門を叩いて貪欲に学び続けた。

そして、それまでの西洋知識が、いかに幕府によって曲げられているかを知った。

特に古賀茶渓からは、

「愚者は自らの経験のみから学ぶが、賢者は歴史に学ぶ。

改めて歴史に見る社会現象、歴史的人物の思想・行動からその本質を学び取ることだ。

歴史は繰り返すが、それは容易には解り難い。

なぜ解り難いかというと、常に歴史は形を変えながら繰り返しているからだ。

本質を見抜く目を養いなさい。

そうすれば、形が変わっていても、今に通じるものを読み取ることができるのだ。

歴史に学ぶべきは、繰り返されている事象の本質を知り、これからの世の中の流れと、己のやるべき使命を見極めることだ。」

との薫陶を得た。

寅次郎もこれまでは自分なりに歴史を勉強してきたが、知ったに過ぎない程度であることに愕然とし、膨大な中国の二十一史読破に取り組んだ。

「実際の史実の中に空理空論はない。歴史的事実を探求すれば、実践活動に結びつくものが見出せる。

実学だ、兎にも角にも実学だ。

封建の世には、農民が苦しみ続けた歴史しかない。

我が国も武家政治・幕府政治となってから、民は苦しみ続けている。」

と幕藩体制への幻滅と、自ら進むべき道を模索していった。

「象門の二虎」小林虎三郎

寅次郎が佐久間象山に入門する少し前に、新潟奉行の息子である小林虎三郎がすでに入門していた。

虎三郎は入塾二年で塾頭になるほどの英才であり、寅次郎入門の際に象山に引き合わせたのも彼であった。

寅次郎は年齢も違わない虎三郎を見て、

「この塾には、こんなに優秀な奴がいるのか。

こんなに凄い才能は、私にはないだろう。

私にあるとすれば、虎三郎に負けないほど必死に努力をする能力くらいだ。」

と、小林の優秀さに圧倒されながらも、生来の負けず嫌いが頭をもたげた。

寅次郎は心の中で自分の未熟さを反省しながらも、死に物狂いで勉学に向かうことに意を強くして、必ず一番弟子になると心に誓った。

後に佐久間象山は、

「寅次郎の胆略と虎三郎の学識、双方ともに稀世の才がある。

天下に事を成すとすれば、それは寅次郎だ。我が子の教育を託すとすれば、虎三郎だけである。」

と多くの門人の中でも、寅次郎と虎三郎には特に大きな期待を寄せていた。

名前も偶然「寅」と「虎」で同意であることから、二人は「象門の二虎」と並び称された。

ここで、小林虎三郎の傑物ぶりを伝える後年の逸話に触れておく。

明治元年（一八六八年）、小林虎三郎は長岡藩の大参事（幕藩体制での家老、現代の副知事相当）となり、「米百俵」の逸話が残る。


戊辰戦争で敗れた長岡藩は、石高を七万四千石から二万四千石に六割も減らされ、財政は窮乏し火の車だった。

藩士たちは極貧に喘ぎ、その日の食にもありつけず、飢えと闘う日々を送っていた。

その窮状を見かねた長岡藩の支藩・三根山藩から救援物資として、百俵の米が贈られることとなった。

長岡藩士たちは、

「これで飢えが凌げる。」

と喜んだのであるが、喜びも束の間、藩の大参事・小林虎三郎は贈られた米を藩士に分け与えることを拒んだ。

「この米を売り払って、学校の設立・設備費用とすることと決定した。」

と飢えに苦しむ藩士たちの儚い思いを打ち砕いた。

藩士たちはこの通達に驚き、虎三郎のもとへ押しかけて猛反発・猛抗議をした。

虎三郎は、

「百俵の米も食えばたちまちなくなるが、教育にあてれば明日の一万俵、百万俵となるのだ。

国が興るのも、町が栄えるのも、ことごとく人にある。

赤貧を恐れず、不遇に甘んじ、今に迷わず、その意志を貫く！

一時の飢えを癒すより、明日の国の発展のため、人材を輩出する学校を創るのだ。」

と藩士たちを諌めた。

血気にはやる藩士たちは、

「腹が減っては戦も学問もできんわ。戯言《ざれごと》を言うな。

この場で斬り殺してでも、米はいただくぞ。」

と殺気立った。


幼少の頃、疱瘡により左目を失明していた虎三郎は、残された右目で藩士たちを見据えて、掛け軸に記された「四文字の家訓」を指差して、

「お前たちは、まさか我が長岡藩の家訓を忘れたと言うのか！」

と一喝。

そこには「常在戦場」（常に戦場にあり）と書かれている。

小林は間髪入れずに、

「御当家の家訓は、いかなる緊急の事態にもたじろぐことなく、常に戦場にいるような危機感・緊張感・使命感を持ち続けろということではなかったのか。

家訓を忘れて、ひもじい我が身だけを思うとは、それでも長岡の武士と言えるのか。」

と続けた。

藩士たちはその場に泣き崩れ、この苦しみに耐える決意をしたのであった。

この百俵の米の売却金で作られたのが、長岡藩の「国漢学校」であり、一定の学力に達していれば庶民にも入学が許可された。

「象門の二虎」と呼ばれ、佐久間象山に我が子の教育をさせたいと言わせた、小林虎三郎の図抜けた才を見る話である。

蒼龍軒、志士たちとの触発

寅次郎にとって、九州・江戸に始まり自らが周遊と呼ぶ六回に及ぶ諸国の旅は、何物にも代えがたい知己を得るものであった。

次々と諸国の傑物たちとの出逢いがあり、多くの師との巡り逢いも、また大きな成長の機会となったのである。

「父、叔父、慶親様、村田様、左内先生、象山先生、多くの貴重な出逢いに恵まれて今がある。実学を極めて、恩に報いるのが生きる道。」

とこれまでを振り返った。

寅次郎は二十三歳で東北踏査の旅に出るが、自らの足を運び学びの機会を得て、自らの目で現場と現実を知るという、徹底した現場主義は「知行合一」を推し進めるための礎となった。

佐久間象山の国防の教えは、

「今の日本の防備では、諸外国に敵うはずがない。鎖国だの攘夷だのと言っても、絵空事だ。極めて貧弱な海防は、もはや無防備というのが正しかろう。」

と海から攻められた時の日本は、全く無力であるということであった。

「日本は四方を海に囲まれて、二度の元寇に遭っても、たまたま神風が吹き荒れて、難を逃れた。その昔の日本人は、元の侵攻によく戦ったが、ただ運が良かっただけとも言える。もしも今、海外列強が侵略に来たとしたら、戦力も兵器も太刀打ちはできん。幕府には時代認識というものが欠けておる。」

と象山は続けた。

門下にいた勝海舟が、後に幕府海軍奉行として急速な海軍力強化を図ったのも、佐久間象山の教えを忠実に実践することに他ならなかったのである。

象山の影響で、寅次郎は宮部に、

「そんなに日本の国防は弱体なのか。宮部さん、三浦半島から房総半島まで実際に歩いて、この目で確かめましょう。」

と誘い、早速実態把握のために視察に出かけることにした。

江戸を出て鎌倉の瑞泉寺に立ち寄ったが、この寺の住職・竹院和尚は母・瀧の兄であったため泊めてもらい、横須賀や久里浜、浦賀や城ケ島などに足を運んだ。

海路で房総半島に渡り、江戸周辺の国防の実態を見ることができた。

江戸に戻った寅次郎と宮部は、鳥山新三郎が儒学と兵法を教える私塾・蒼龍軒に寄宿した。

鳥山は志ある者との交流を好んでいたため、蒼龍軒は志士たちの溜まり場であった。

江戸周辺の国防の実態は西洋列強の侵攻に耐えられるものではなく、十数人の同志との議論も繰り返された。

寅次郎はすぐに鳥山と意気投合し、また志士たちとの議論を楽しみに、度々蒼龍軒を訪れた。

そんな中、薩摩藩士・肝付兼武《きもつきかねたけ》から東北沿岸の視察の報告を聞き、その実態を知ることとなった。

肝付は、

「海岸を歩いていると時々、沖に異国船が見える。中には大砲を積んだ軍艦もある。

津軽海峡などは、異国船が我が物顔で通っておる。頻繁に通行しているということは、アメリカやロシアも捕鯨や通商で通るのであろうが、現地の漁民は、襲われ略奪されるのではないかと心配している。

そりゃ、目の前で巨大な異国船や船上の大砲を見たら、震え上がるのも当然だよ。」

と語った。

「思った以上に、日本はすでに異国から囲まれているのだな。

吉田さん、我々も東北踏査に行って、この目で見てみようじゃないか。

うかうかしていたら、東北どころか日本全部が、アメリカやロシアに取られてしまうよ。」

と宮部は東北踏査の旅を提案した。

「この目で見て、現実に対処しなければ、国家の危機を救えませんね。

宮部さん、十二月になったら出発することにしましょう。

江戸藩邸に願いを出せば、藩主・慶親様もすぐにお許しをくださるでしょう。」

と寅次郎は即断即決で同意した。

「自分は殿の信頼も厚い。金は兄に何とか工面してもらうし、何の問題もなかろう。」

と寅次郎は楽観していた。

　そこに同志の元南部藩士で、今は脱藩浪人の身となっていた江幡五郎が、

「私の遊学中に、南部藩主廃立の内紛が起きました。私も元は殿の近習を務めていましたが、藩主の側近だった兄が、内紛に巻き込まれて死に追いやられたのです。私は武士の本懐たる兄の仇を討ちたいと思いますが、途中まで同行しても宜しいですか。」

と同行を申し出た。

　寅次郎と宮部は一も二もなく快諾して、

「赤穂義士の吉良邸討ち入りは、十二月十四日だったな。仇討ちには縁起のいい日だから、この日を出発の日にしようではないか。」

と約束の日を決めた。


　ところが、寅次郎に思わぬ問題が起きてしまう。

　藩邸留守居役・永代家老の福原越後から、

「東北行脚の内諾は出ておるのだが、殿は帰国されていて、まだ本許が下りておらん。もうしばらく出発は待たれよ。」

と出発延期の通達があったのである。

　寅次郎は留守居役の福原に、

「すでに内諾は随分前にいただいているはず。他藩の友とは、すでに日取りも決めております。」

と直接掛け合ったものの、

「通行手形に藩主の印がないとすれば、殿が公儀のご法度に問われるかも知れんではないか。殿に災いが降りかかるようなことができる訳がなかろうが。兎に角もうしばらく、本許が下りるのを待て。」

と頑なな態度を変えなかった。

「このまま本許なく出発すれば、殿を裏切る脱藩という重罪を犯すことになる。しかし、武士として誓約した不動の約束を反故にするとは、武士の信義にもとる。藩のためではなく、日本のために行くのだ。予定通り十二月十四日に出発する。」

と生来の激しく短気な性分が、寅次郎に脱藩の意を固めさせた。

蒼龍軒を紹介してくれた長州藩内の友である来原良蔵《くるはらりょうぞう》は慌てて、

「吉田寅次郎のことは、藩主・慶親様も大いに買っておいでです。同行する他藩の友との信義もあるし、何とか本許を出してやってください。」

と友を援護して留守居役に懇願した。

しかし、留守居役は、

「許さんとは誰も言ってはおらんではないか。殿の裁可が来ないまま、本許を出したとなれば、私の方が切腹ものであろうが。吉田には、もう間もなくのことだからしばらく待てと伝えよ。」

と全く融通が利かず、取り付く島もなかった。

寅次郎は来島に、

「私は他藩の者と誓約したのだ。誓約を破るということは、私だけの誹《そし》りでは済まない。長州藩士は信用ならんと、長州の名誉に係わることだ。誰が何と言おうと、この信義は貫くしかない。」

と、こちらも頑なであった。

来原は説得を諦めて、

「寅次郎、後のことは俺が引き受けた。初志貫徹だ、行ってこい。」

と言って送り出した。

来原は、再度留守居役に、

「吉田は他藩の友との約束を守らねば、長州の名誉に係わると申して、予定通りに出発しました。後は何とか穏便にお取り計りください。」

と申し出た。

留守居役は、

「愚か者めが、早まりおったか。お前は同行者が誰であるか知っておろうが。私の耳にも入っておるぞ。熊本藩士の宮部はまだ良いとしても、もう一人の元南部藩士の江幡という浪人が問題だ。江幡は兄の仇を討つために、同行して国に帰るというではないか。しかも仇討ちのことを、あちらこちらで自慢げに吹聴しておるらしい。もしも吉田たちが助太刀でもしてみろ。南部藩と長州藩・熊本藩との関係にも、災いが降りかかることにもなり兼ねんぞ。」

と、苦悶の表情で語った。

来原は留守居役の深慮を知らず、

「では本許はすでに届いていたのですか。しまった、寅次郎を早まらせてしまった。それならそうと言ってくだされば、こんなことにはならなかったものを。」

と憎々しく言った。

「いや違う。本許が届いていないのは、嘘偽りない本当のことだ。

お前も長州で起きたこの度の大水害のことは知っておるだろうが。

殿は今、国許での災害対応に忙殺されておるのだ。

だからこそ幕府に特別の許しを願い出て、参勤の帰国を早めたのだ。だから、たとえ判子一つのことといっても、遅れても仕方ない事情があるではないか。私は本許が届いてから、吉田に意見するつもりであった。それにしても、えらいことをしてくれたものだ。脱藩の罪は重い、士籍剥奪は免れられんぞ。」

と留守居役も無念な表情で答えた。

来原は何としても追手が差し向けられることだけは阻止しようと、

「吉田に初志貫徹で出立しろと言ったのは、この私です。この責は私が負いますので、どうか追手を差し向けることだけはお止めください。」

と懇願した。

せめて寅次郎が追手に斬られるようなことだけは防ごうとしたのだ。

ここは自分の体を張ってでも、友を守らなければならないと必死であった。

来原は脱藩ほう助の罪で、厳しくけん責を受けたが、

「俺のけん責程度で済むのなら、お安い御用だ。」

と、まずは追手を止めたことに安堵した。

信義を通す脱藩

しかし、寅次郎の脱藩については、もう取り返しはつかない。

寅次郎は、

「宮部さん、実は旅の内諾は得ていたのですが、殿の本許が出ていないのです。もしも追手が来たなら、宮部さんと江幡さんにも迷惑が掛かります。水戸までは別々の道を行きましょう。」

と藩からの追手を恐れて、宮部・江幡とは水戸まで別行動を取ることにした。

後に宮部は、

「あの時、なぜ俺は吉田さんに、一旦藩邸に戻り、本許を待てと言わなかったのか。焦りすぎて短慮なことをしてしまった。」

と後悔した。

幸い追手が来ることもなく、三人は合流して一ヶ月ほど水戸に滞在した。

寅次郎の旅の目的は視察だけではなく、著名な学者を訪ねて教えを乞うことも大いなる楽しみであった。

寅次郎は明倫館教授として、他藩の藩校の教育内容や人材育成の政策にも強い興味があった。

水戸藩校・弘道館に足を運び、武道・科学や諸学問の教育・研究内容を確認し、青年有志と交わり水戸の学問の真髄を学んだ。

水戸滞在中の寅次郎は、藤田東湖と並び水戸学の双璧と呼ばれる会沢正志斎《あいざわせいしさい》の元へ通い詰めて教えを乞うた。

会沢は弘道館の初代教授頭取を務めた人物である。会沢はすでに七十歳を超える高齢で、政治的な活動は行っていなかったが、尊皇攘夷論を唱えた人物として著名であった。

会沢は「新論」を記して日本大改革の構想を示し、幕末尊皇攘夷の志士たちの教科書として熟読された。

寅次郎は平戸で葉山左内に「新論」を借りて熟読していたが、改めて会沢の話を聞きながら、必ず筆を取って書き留めた。

時には酒を酌み交わしながら、幼少の頃父に聞かされて興奮した高山彦九郎の話にも花を咲かせ、「高山彦九郎伝」を書写して郷里の兄に送った。

寅次郎は会沢の著作だと勘違いしていたが、これは頼山陽が書いたものであった。

「高山彦九郎こそ、武士の鑑です。郷里の藩士たちに読ませれば、きっと魂を奮い立たせるでしょう。」

と手紙を添えた。

「会沢先生は自分よりも五十歳も年上のご老体であるのに、頭も明晰にして実に若々しい。ましてや御三家である水戸藩で、堂々と尊皇攘夷論を語るとは凄い覚悟の方だ。」

と老いて尚も意気軒高な会沢に感嘆していた。

江幡は仇討ちを年明けの四月と考えていたため、水戸でのんびりと構えていた。

海防の実態見聞が目的の寅次郎と宮部は、水戸から一旦銚子まで戻った。

銚子の犬吠埼は、太平洋に向かって突き出ている本州の最東端であったため、見渡す海は丸い水平線を描いていた。

「宮部さん、ここからは地球が丸い形だというのがよく分かりますね。

萩も目の前が海ですが、これほど海の大きさを感じることはありません。

幕府はこんな海を渡って異国が攻めてくることはないと、高を括っているのでしょうが、これほど無防備とは情けない限りです。清国のアヘン戦争の件を考えれば、いつ国難が起きてもおかしくない時代です。」

と遠くに浮かぶ漁船と屛風ヶ浦を見ていた。

宮部も、

「全くその通りです。しかし、これほど海が広々とした景色は、めったにお目にかかれませんな。

海が広いということは、我々が知らない多くの異国があるということです。

もはや日本国も幕府も、井の中の蛙だということを認識し直すべきです。」

と左右の海を見渡した。


三人は水戸を再出発してから数日後の寒い日に、白い息を吐きながら白川の宿に着いた。

江幡とはここで別れるのが当初からの約束であったが、これから仇を討つという江幡に、

「せっかく我ら、赤穂義士の験《げん》を担ぎ、十二月十四日に出発したのだ。

宮部さんと共に、及ばずながら助太刀しましょう。」

と寅次郎が切り出した。

しかし江幡は、

「仇討ちは私事であり、助太刀はご無用です。お二人のお気持ちだけで充分です。私は奥羽路を行きますから、お二人はどうぞ会津へ向かってください。お二人の元々の目的は助太刀ではなく、日本の国防視察のための旅ですよ。大義に従うことこそ肝要です。この先はもっと冷えますから、風邪など召さぬ様お達者で。」

と言って奥羽に向かった。

振り向かずに歩む江幡の後姿には、これから向かう仇討ちへの覚悟が感じられた。ところが帰国した時には、仇の家老は病死していたため、江幡の仇討ちは実現しなかったのである。


実際に歩いてみると、東北の冬はとても厳しく雪も多い。

寅次郎は民情を見るにつけ、

「宮部さん、道は狭く山は険しく田畑も小さい。その上この寒さですから、作物を作るのも大変でしょう。この環境では、農民は厳しい生活を強いられますね。その上、重税を取り立てられるとなると、民が豊かになることなんて有り得ませんよ。」

と嘆いた。

宮部はかじかむ手を擦り合わせながら、

「米どころの秋田でも、作った米は安く買い叩かれているらしいし、逆に諸物価は高いらしい。となれば農民や町民が苦しまない訳がない。熊本や長州は気候が温暖で、広い農地に恵まれている。この気候の差だけでも、国力の違いが生まれるものです。日本全体を見て日本を考えねば、本当の政治は行えないものですね。」

と返した。

二人は山鹿流兵法の祖である山鹿素行誕生の地、会津若松に着き、ここでも会津藩の藩校・日新館に立ち寄った。

寅次郎は他藩の教育内容を知ることもさることながら、自らの教授法と比較もしてみたかったのである。

日新館は武道や諸学問の他、日本最古の水練場や天文台までをも備えていた。

毛利慶親が明倫館に水練場を設けたのも、この会津藩の幅広い教育に刺激を受けたためであった。

寅次郎もその他の藩の藩校も見学しながら、自らの教育の形を固めていき、旅もまた実学となったのである。


二人は中越の出雲崎を経て、船で佐渡にも渡った。

江戸幕府が直轄地として治め、重要な財源となった佐渡金山の見学にも行った。

佐渡は慶長から寛永年間にかけての最盛期には、金が一年間に四〇〇キロ、銀が四〇トン以上採掘されたという、当時の世界最大級の金山であった。

ところが、低賃金・重労働を強いられている鉱夫たちを見て、二人は民政無視の幕府政治に憤りを覚えた。

「昔は罪人たちが江戸から強制連行され、見せしめに過酷な労働を強いられたと聞きますが、これでは鉱夫たちは捨て駒ですね。民は幕府の奴隷ではない。」

と寅次郎は嘆いた。

そして旅は酒田・本庄・秋田・弘前と続き、三ヶ月近く経って、ついに津軽海峡を見渡せる最北端の竜飛崎へと辿り着いた。

蒼龍軒で薩摩藩士・肝付に聞いた話の通り、異国船が我が物顔で往来する海峡は、実に無防備という他なかった。

「宮部さん、港や海防をどうするか、幕府はまるで何も考えていないし、何の対策もしていないですね。これほど海外列強に脅かされていながら、考えていることは徳川幕府の保身ばかり。幕臣に国士はいないのでしょう。もはや幕府では、この国は守れませんね。」

と寅次郎は憤りをぶつけた。

「国を守り、民を富ませ、この国に生まれて幸せだと思うようにするのが、政治の使命というものです。もう幕府の政治では無理なのでしょうね。幕府が外敵に倒される前に、一日も早く幕府を倒すことが必要ということでしょうな。」

と宮部も過激に応じた。


ここから旅は帰路となり、二人は太平洋側の海防が気になり、八戸・石巻で太平洋の大海原を見た。どこにも国を守る防備もなく、海防の意識も感じられず、再びどちらからともなく落胆の言葉が出てくるのであった。

八戸からは盛岡・花巻・中尊寺・石巻・仙台・米沢・会津若松へと戻り、日光では東照宮に参拝して、足利では足利学校に立ち寄り、そこから江戸までは舟で下った。

寅次郎は舟上から満開の桜を見ながら、

「誰の命令でもなく、桜は春になれば律儀にも見事な花を咲かせますね。物事の真理とは、誰の作為でもなく、やって当然のことを、大げさな使命感を振りかざすことなく、淡々とやってのけることなのでしょう。私たちの激しいばかりの使命感は、むしろ肩の力を抜いてこそ、やり遂げられるものなのかも知れませんね。古典の教えにある、人事を尽くせば而して自ずと道は拓けるということでしょう。」

と懐紙に

「尽人事而自拓道」

と書きながら穏やかに宮部に語った。

宮部も、

「全くその通りですね。」

と言い、寅次郎の書く文字を見ながら、自分の懐紙に書き写していた。

寅次郎にとって、嘉永四年十二月から五年四月までの、実に四ヶ月ほどを掛けたこの旅は九州遊歴以来の長旅であった。

結果的には三十年に満たなかった寅次郎の人生であったが、この四ヶ月は貴重な経験となった。自らの五感を研ぎ澄ませて世の中を知り世界を感じ、日本が直面する課題の本質に迫ることが必要であった。寅次郎は、たとえ脱藩の罪に問われようとも、絶対にやらなければならなかったことであったと確信したのである。

号・吉田松陰に込めた苛立ち

江戸へ戻った寅次郎は、定宿としていた蒼龍軒で来原良蔵に会い、

「色々と迷惑を掛けてしまったが、お陰様で無事に帰ってきたよ。やはり思った通り、日本の海防の実態は燦燦たるものだよ。」

と熱く語り始めた。

しかし来原にとっては、兎にも角にも脱藩の裁きが気になって仕方がなく、

「寅次郎、旅の話はまたゆっくり聞かせてもらうが、今は脱藩の問題をどうするかだ。まずは、すぐに桜田の藩邸に行き、藩の裁断を仰ぐしかないだろう。お前のことだから、殿もきっと寛大な処罰で許してくれよう。そのためにも、逃げ隠れはしない方がいい。」

と自首を勧めた。

寅次郎も、

「端《はな》から覚悟はできている。良蔵の言う通りだ。これから藩邸に向かい、出頭しよう。」

と抵抗も言い訳もせず、良蔵の勧めに応じた。

江戸藩邸には、藩の裁断を決定する権限も度胸もないため、

「厄介者が帰ってきたか。江戸藩邸ではどうにもならん。萩の藩庁にて、ご判断いただくしかないな。」

と、すぐに国許へ手紙を出した。

当然ながら取られた措置は、

「藩命に従わず、他藩の者への信義を優先するとは、本末転倒のことだ。お国許への追い下し、生家である杉家での蟄居謹慎とする。その上で藩庁からの裁きの沙汰を待て。」

であった。

寅次郎は命令に従い、郷里へ向かいながらも、途中の藩の様子などを見聞きしながら杉家に帰った。

父に、

「どうしても東北の国防を見なければと思い、江戸藩邸に願い出たのです。ところが、いくら待っても藩許がでず、熊本の宮部さんとの約束もあったので、藩許のないまま行ってしまいました。ご迷惑をお掛けしました。」

と言って詫びた。

父は、

「話は聞いておる。さすがに多少は風当たりが強くなっておるが、寅次郎が意を決して行ったことだ。後は藩の裁断を待つしかなかろう。私らは皆、お前のことを信じておるから、家で旅の疲れを取っておれ。」

と動じることなく支えてくれた。

寅次郎は読書と執筆に明け暮れて、藩庁からの裁断を待ち続けた。

しかし、国許に帰ってから、何ヶ月沙汰を待っても一向に刑罰が下らなかった。

この時の苛立ちから、寅次郎は嘉永五年十一月に、自らの号を「吉田松陰」とした。

これは、生まれ故郷の松本村に陰れ棲むという、松本村の「松」と陰れ棲むの「陰」で「松陰」の号を名乗ることにしたのである。

「吉田松陰」の号に長い謹慎への苛立ちと、謹慎の身でもやれることをやり抜く覚悟を込めたのである。

「仁」の刑罰

七ヶ月もの間、ただひたすら待たされたが、藩庁では議論百出となり、「死罪」や「入牢」などの厳しい意見までもが飛び交った。

巷では、「出世を棒に振った旅」をあざけ笑う者も多くいた。

藩庁から藩主・慶親に、何度も具申があったが、

「今度ばかりは、簡単にそうせいとは言えんぞ。

寅次郎ほどの天賦の才を持つ者が、我が藩に他に誰がおろうか。私はあの男を失いたくはない。」

と落胆を露わにした。

「私には寅次郎のような才覚はないが、私以上に寅次郎を守る力は、誰も持っていない。人には誰にも生まれ持った役割というものがある。私は主君としての己の役割を果たすまでだ。」

と慶親は呟いた。

重臣たちは度々議論を繰り返して、

「ここは殿のお気持ちも、忖度《そんたく》しなければなるまい。

とは言え、罪が罪であるから、甘い処罰では藩士たちに示しが付かん。

藩籍も明倫館兵学師範も剥奪し、家禄の召し上げは最低でも必要な裁きだ。」

との結論に達し、家老の村田清風が裁定案を上申した。

慶親も、

「それ以上軽い刑罰では、確かに家臣たちへの示しが付かんな。無念であるが、そうせい。

しかし、返す返すも失いたくない男だ。」

と消極的ながら罪の裁断を行った。


裁断の後、慶親の落胆を気にしていた村田は、重臣たちに今一度の忖度を指示していた。

謹慎して七ヶ月も待った十二月九日のことであったが、

「殿、吉田寅次郎には藩庁から、殿のご裁断を言い渡させました。何の異議申し立てもなかったようです。」

と村田が報告に来た。

「そうか、止むを得まい。残念なことであるが。」

と慶親は明らかに落胆の表情を見せた。

「ところで殿に一つご相談したいことがございます。」

「なんだ、申せ。どうせ、私がそうせいと言うと、思っておるのであろうが。」

と慶親は元気なく答えた。

村田は殿の落胆ぶりに少し慌てた様子で、早々に結論を切り出した。

「早速、吉田寅次郎について、一つ進言させていただきたいことがあります。

吉田を実父である杉百合之助の育みとする旨、言い渡してはいかがかと思いまして。」

敬親の落胆顔が豹変して、

「何だ、もう少し詳しく話してくれ。」

と良い提案の予感に、声の調子も明るくなってきた。

村田は殿の機嫌を察知するや、

「この度の吉田の罰については変わりありませんが、これまでの明倫館や御前講義での、吉田の功績に少々配慮してやってはどうかと思いまして。」

「うんうん、それでどうなる。」

と慶親の声はますます弾んだ。

「殿、吉田の実父である杉百合之助は、今や無役でもなく、いずれは盗賊改方《とうぞくあらためがた》にでも推挙したいほどの人物です。元の生家である杉百合之助の育みとすれば、吉田は藩士である杉を通じて、藩とのつながりは保てることになります。そうすれば、吉田には藩籍はないものの、一介の浪人でもなく、後々藩から何某かの処遇をしてやることも考えられると思うのです。」

と村田は得意満面で一気にまくし立てた。

「うん、それは良い。

実に徳に満ちた措置ではないか。仁の政治とは、こういうことを言うのだな。

すぐに杉に沙汰してやるが良い。」

と答えた。

村田が下がろうとすると、慶親は、

「あ、待て。ついでに、向こう十年間諸国修行を願い出ることを許してはどうだ。十年あれば寅次郎も日本中で見聞を広めることができるであろう。願い出れば、すぐに許可を出してやると、内々に言ってやってはどうか。」

と慶親の顔は、このところ久しく見たこともない笑みとなった。

結果的に寅次郎に対する慶親の想いは汲まれて、村田が藩庁に働きかけた。藩庁としても、殿と村田の意向ということで反論は出なかった。


早速、藩庁から父・百合之助に連絡があった。

これは寅次郎にとっては刑罰どころか、むしろ褒美に等しいようなものであり、父子共々主君の温情に涙した。

そして、父はすぐに遊学許可願いを出し、即座に藩許は下りた。

慶親は、

「こんなに早く願い出るとは、寅次郎は相当嬉しかったようだな。よしよし、これで良い。もっと精進させて、またそのうちに話を聞かせてもらおう。寅次郎はまだまだ大きな男になって、帰国してくるであろう。」

と微笑み、

「ほとぼりが覚めたら、どうやって許してやろうかな。寅次郎は長州の宝だからな。しばらくの間は磨きをかけて、もっと光るようにしてやらなければならんな。」

と後の減刑への思案を楽しんでいた。

第四章　アメリカの外交力と幕府の及び腰

日本海　荒波

黒船来航、侵略への怒り

数ヶ月間の謹慎生活の苛立ちから、寅次郎は吉田松陰と名乗るようになっていたが、慶親の特段の配慮によって、十年という遊学期間を得て、嘉永六年（一八五三年）五月、一年ぶりに江戸の地を踏んだ。

浪人の身であるから江戸藩邸には入れないものの、蒼龍軒という居場所があるため別に不自由もなかった。そして一も二もなく、すぐに佐久間象山の元へ行き、

「先生、色々とご心配をお掛けしました。脱藩の罪で士籍と藩の兵学師範は剥奪されましたが、藩主・慶親様の特別のお取り計らいにより、向こう十年間諸国修行の許可をいただきました。吉田松陰と号を改め、もう一度江戸に参ることができましたので、再びご指導のほどお願い申し上げます。」

と報告と再入門を願い出た。

象山は、

「いやあ、それは良かった。もう生きてないのではないかと、心配していたぞ。それにしても毛利慶親という藩主、なかなか思慮のある人物ではないか。再入門などと、堅苦しいことは言うな。私は破門した覚えなどないぞ。一度この門下に入れば、ずっと象門だ。ましてお前は［象門の二虎］だからな。」

と上機嫌で迎えてくれた。

象門での学びの日々が再開されて間もない嘉永六年（一八五三年）六月三日の朝、突如江戸の海に四隻の黒船が

現れた。巨大な四隻の船のうち二隻は、真っ黒な煙を上げていて、四隻合計で実に大小七十三門の大砲が陸に向けられていた。

久里浜は砂地であったため接岸できなかったことを幸いに、幕府は慌てて黒船を浦賀沖に誘導した。

黒船は四隻を横並びにして、浦賀の沖がかりに停泊させた。

いずれも長さ五十メートルを下らない巨艦のため、四隻で三百数十メートルもの長さとなり、まるで浦賀の海を占領したかのように見えた。

しかも大砲は陸に向いているのであるから、その威圧感たるや凄まじく、庶民は震え上がり、幕府内も大騒動となった歴史的大事件・黒船来航である。

慌てた幕府は各藩に沿岸警備を命じたが、長州藩はいち早く五百人の兵を動員して、大砲三門・小銃百丁の装備で出動し、大森海岸の警備に当たった。

長州藩の周到な軍備と機敏な出動に、対応が遅れた各藩は驚いた。

江戸留守居役を務めていた周布政之助は、警護の指示をしてから、俊敏な対応で藩士を連れて浦賀に偵察に行った。毛利慶親の十年掛かりの軍備と訓練が、この非常時対応に実を結んだのである。

黒船来航の翌日、長州藩邸に立ち寄った松陰は黒船来航の事件を知り、象山の元へ走った。

しかし、すでに象山は門下生を連れて浦賀に向かっていたため、松陰は急いで後を追って、やっとの思いで象山を探し当てたが、象山は勝海舟に貰った双眼鏡を両手で持ち、じっと黒船を見ていた。

松陰は見たこともない巨船に驚愕し、

「先生、江戸が砲撃されれば、幕府は屈服するのではないですか。」

と言い、象山も
「今の幕府では、開戦しても勝てないだろうな。

屈服すれば、清国のアヘン戦争の二の舞になる。日本はアメリカの属国となってしまうぞ。」

と憂いた。

松陰は象山から双眼鏡を借りて、四隻の黒船を順番に見ながら、

「先生、あの巨船といい、数十門の大砲といい、幕府とは軍備が桁違いですね。

大砲を向けて交渉するとは、明らかな侵略行為ではありませんか。

しかし、いかに敵が強いといっても、討ち果たさなければ日本は終わりです。」

と力を込めた。

その夜、松陰は宮部鼎蔵に手紙を書き、

「四隻の黒船がアメリカから浦賀の海にやって来ました。

彼らは巨大な船に数十門の大砲を、陸に向けて威嚇していますから、これは明らかに侵略行為です。

今回はアメリカ大統領からの国書を届けに来たらしいのですが、来年また国書の回答を受け取りに来るそうです。

その時には、我が日本刀の切れ味を見せてやりたいものです。

あの大砲は脅威ですが、陸地で斬り合えばこちらにも分があるはずです。」

とアメリカに対する敵意を露わにした。

「大砲を向けてのアメリカの国交渉は、事実上の侵略戦争に等しい。

そんな義も理もない相手に、幕府は怯んではいけない。日本は朝廷のもと、毅然とした対応をすべきだ。」

と松陰は憤慨した。

この時の松陰の考えは、あくまでも幕府を批判し、諫めることで日本の国体を守るべきだというものであった。

浦賀奉行所はオランダ語通訳を通して、

「日本では長崎以外には異国船は入れません。我が国のご法度です。即刻、長崎に向かっていただきたい。長崎で応接させていただきます。」

と伝えた。

マシュー・ペリー提督は日本の鎖国政策などは百も承知の上で、元より長崎に行く気など更々なく、早期に交渉に入るために初めから江戸を目指していたのである。

ペリーは日本の法律など意に介さず、

「開国を迫るには、幕府がある江戸でなければ意味がない。江戸で一気に条約締結に持ち込む。」

との思惑があったのだ。

対応に右往左往している幕府とは、根本的に軍事力も戦略力も一枚上であった。

「我々は日本国王に対して、アメリカ大統領からの親書を持参した。長崎に向かう気は毛頭ない。我が国を代表する大統領からの親書であるから、貴国も国を代表する高官でなければ、親書を渡すことはできない。」

と一歩も引かない。

それどころか、ずらりと陸に向けられた大砲は、無言の宣戦布告の様相を呈し、黒船から数隻の武装した小船が出され、悠々と海上測量を始めていた。

これだけでも、開国させるという強い意思表示に他ならなかったのだ。

ペリーはそもそも、

「恐怖に訴える方が、友好に訴えるより多くの利点がある。こちらの軍備を見れば、譲歩することは自明の理である。」

と考えていた。

また、本国のフィルモア大統領は日本に開国を求め、通商関係を結ぶことを目指すが、琉球王国を支配することも視野に置いていた。琉球はアジア進出の拠点として、地政学的にも都合が良かったのだ。

実際にペリーは琉球王国の拒絶を無視して、武装兵を率いて首里城に進軍したが、開国を促す大統領親書を手渡すに留めていた。

琉球王国は友好的に振舞い、武力制圧を免れたが、この後も琉球はペリーの日本への中継点として利用され続けたのである。

鎖国を固守したい幕府重臣は、

「とにかく長崎へ向かってほしい。国のご法度です。」

の一点張りで凌ごうとしたが、ペリーは応じるどころか、艦船四隻のうちの蒸気船一隻を、大きな汽笛とともに観音崎方面へと進航させた。

この威嚇に幕府重臣たちは、

「撃ち払おうにも、向こうの武力は日本とは比較にならんほどのもの。幕府の大砲の射程では黒船までは届かないし、向こうの大砲は恐らく楽に陸地を攻めるだけの能力があるのだろう。

このままでは開戦されて、江戸が砲撃されてしまう。」

とおろおろしていた。

「とりあえずは親書を受け取り、将軍・家慶様がご病気であるため、吟味の上、長崎で回答することにしよう。」

ということに落ち着いた。

しかし、ペリーは譲らず、

「私は初めから交渉は江戸で、と言っている。長崎には行く気もないし、長崎で回答を受け取る気もない。ただし、将軍がご病気であるのなら、今回の親書への返事は即答しろとは言わない。」

と言い、即答を求めることには譲歩した。

ペリーは本音では、アジア進出でイギリス・フランスに後れを取っていた焦りがあった。また、長崎での交渉はオランダの妨害が危惧されるため、避けたかったのであった。

何より一日も早く開国させるために、武力をひけらかす力の外交に終始した。


ペリーに怯えを抱いていた幕府重臣たちは、戦端が開かれないことに胸を撫で下ろした。

徳川幕府は諸藩の謀反を防ぐために、参勤交代や各藩への普請協力などの財政負担を強いてきたが、この内向きな政策が裏目に出て、幕藩政治は脆弱化していたのだ。

黒船来航という外敵に狙われる国難に際して、諸藩の軍事力が落ちて国防の不備が露わになっていた。

幕府の役人は国家公務員、地方藩に仕える武士は地方公務員と、武士の官僚化が進み、日本は役人天国と化して、非常時の対応力は著しく落ちていたのである。

アヘン戦争の脅威

象山は松陰ら弟子たちに、十年ほど前に起きた清国のアヘン戦争の脅威を語った。

「イギリスは茶・陶磁器・絹を大量に清国から輸入していたが、輸出するものは時計や望遠鏡のような物しかなく、大量に輸出できる物がなかったのだ。

それでは輸入額が多すぎて貿易収支が合わず、自国の金銀が出ていくばかりになる。

そこでイギリスはインドで栽培・製造した麻薬のアヘンを清国に密輸して、輸入超過を打ち消そうとしたのだ。

麻薬のアヘンを広く組織的に販売すれば、中毒となる者が増えていき、大きな利益を得ることができる。

清国はアヘンの販売や摂取を禁止したが、当然イギリス軍は清国との間で戦争となった。

戦いは二年間に及んだらしいが、イギリス軍の勝利に終わった。

戦後処理として不平等条約の南京条約が結ばれて、イギリスへの香港の割譲など、清国は属国同様となったのだ。

我が日本国もこの事例を頭に置かなければ、清国の二の舞になり兼ねん。」

と強く外敵の脅威について語った。

象山はじめ松陰や尊皇攘夷派の志士たちの最も危惧する事例が、このアヘン戦争であった。

日本の人口が三千万人ほどの時代に、人口四億人を擁する大国の清がイギリスの圧倒的海軍力に敗れてから、まだ十年ほどの時であった。

長崎でオランダ商人からもたらされた海外事情には、情報を知る誰もが恐れを抱いたのであった。

特に松陰たちは、幕府ではなく日本を守るための遠大な構想を考えていた。

大統領国書

親書への即答を避けることができたため、幕府はたったの二日という突貫工事で、久里浜に応接所を建設した。接見の間は金屏風を立て葵紋の幕を張り、赤絨毯を敷き体裁《ていさい》を整えた。

六月九日、幕府は一帯に五千の兵を配置して旗や幟《のぼり》を立てて、ペリー提督がやって来るのを待っていた。そこに突然、ズドーンという十三発の砲撃音が轟き、幕府の兵は皆一瞬たじろいだ。しかし、これは上陸開始の合図の空砲であった。

ほどなく楽隊を先頭に、三百人ほどのアメリカ将兵が隊列を整えてやってきた。浦賀奉行・井戸石見守《いどいわみのかみ》を代表にして、幕府使節が迎え入れた。

儀式は、ペリー提督から大統領親書と信任状が差し出された後、石見守から返書が差し出されるという淡々粛々としたものであり、交渉のやり取りは一切なかった。

返書には、

「本来、長崎以外では異国との接見は行わないのが国法である。しかし、大統領の使節として、提督の譲れぬ立場もあろう。この度は、その事情に特別の配慮をし、国法の例外として受領はいたす。ただし、即刻の退去をお願いする。」

との旨が書かれていた。

ペリーは、

「大統領親書を渡すというミッションは果たしたので、もちろん退去する。

しかし、まだ回答の受領がもう一つのミッションとして残っている。

来年必ず回答をもらいに、もっと多くの艦船を率いて来航する。」

と薄笑いを浮かべながら言った。

三日後、ペリーの艦隊は出航したが、浦賀より二十マイル北上して、江戸の港を明瞭に望めるところまで進み、徳川幕府に充分な威嚇を示してから引き返していった。

名ばかりの将軍、幕臣の意図

病に伏していた将軍家慶は、その十日後に死去し、後継者の家定が第十三代将軍に就任した。

しかし、家定は幼少より病弱で、とても国政を担えるような人物ではなかった。

先代将軍である父・家慶は、家定の将軍継嗣としての器量を危惧して、一橋家の徳川慶喜を将軍継嗣にしようと考えたが、老中・阿部正弘らの反対で家定に決定されたのである。

そのため政治は幕府重臣に委ねられたが、裏には老中首座を巡る覇権争いも隠れていた。

家定の代で幕政は老中首座が牛耳ることとなり、後にその上に立つ大老職によって、井伊直弼の独裁を許すことになったのである。

そんな中、国内は異国排斥を唱える攘夷論が高まり続けており、幕臣にもアメリカ大統領の親書に対する回答の名案はなかった。

ペリーの開国要求に頭を悩ませた幕府は、大名から庶民に至るまで、広く外交についての意見を求めた。

しかし、そのことで幕府に知恵がないことが知れることになり、ますます幕府の権威を失墜させるという結果を招いたのである。

しかも、三代将軍・徳川家光によって定められた参勤交代が長年続いたため、各藩の財政は圧迫されていた。

参勤交代は徳川将軍家に対する軍役奉仕として制度化され、主従関係を示すための軍事儀礼であった。

諸大名は一年おきに江戸と国許を行き来し、正室と世継ぎは江戸に常住させるという、実質は人質を取る形であった。各藩は江戸までの旅費や江戸での滞在費などの財政的負担が重く、結果的に軍事力を大きく低下させていたのである。

ペリー来航の後、文久二年（一八六二年）、薩摩藩主の父・島津久光が軍勢を率いて朝廷を動かし、幕府に文久の改革を迫った。

越前福井藩主の松平春嶽《しゅんがく》などが、各藩の国力を高めるという急務を訴えて、参勤交代の負担軽減のために、参勤の頻度を三年に一回とする緩和措置を行なった。

しかし、これもまた幕府の弱体化を示すものとなり、幕末は一層混迷を深めていったのである。

怒りの建白書

松陰は久里浜での儀式を民衆と共に眺めた後、江戸へ戻り、

「幕府の弱腰は目に余ります。

為政者としての信念も覚悟も感じられません。泰平の世に慣れきってしまった武士に、もはや武士道精神は失われたのでしょうか。

この度の件で、慌てて武具を買いに行った武士が多く、御徒町の武具商人は大忙しだそうです。」

と象山に話した。

象山は、

「今や甲冑・具足を持たない武士ばかりだ。

今回のことで慌てて買い求めに走ったのだろうが、泥縄とはこのことだな。

しかも黒船の大砲に対して、今さら甲冑・具足を買い求めても何の役に立とうか。

市中では武士の情けなさを皮肉る狂歌が大流行《おおはやり》だよ。

馬鹿な幕臣より、庶民の感覚の方が余程優れている。

いつの世も、政治に振り回されている庶民こそが一番政情に敏感なんだよ。

幕府を皮肉る狂歌は、庶民が幕府弱体化を実感している証だな。」

と遠くを見ながら言った。

松陰は、

「私が考えるところ、日本の鎖国そのものが、国力を下げてきた元凶ではないでしょうか。

幕府は国家を忘れて、徳川家だけを守ろうとする、本末転倒な政権となり下がっています。

もはや開国して、海運・通商貿易によって諸外国との対等な交際と、国を富ますことを考えるべきかと思います。

私は今や浪人の身ですが、我が主君・慶親様に建白書を書こうと思います。」

と言った。

間髪入れずに象山は、

「吉田松陰、さすが象門の二虎の才覚。もはや各藩主が目を覚まさなければ、この国を変えることはできないだろう。

しかし、お前は脱藩の罪に問われているのだから、覚悟と用心だけはしておけよ。

将軍は病気で政治もできず、老中筆頭の阿部伊勢守が何もできずにただおろおろしているようでは、世も末というものだ。幕府はもはや頼りにならん。

今は親藩も譜代・外様もない、国を挙げて難題を乗り越えていく時だ。」

といつもの苦々しい表情を一層険しくした。

松陰は象山の目を見て、まるで獲物を狙うフクロウのようだと思った。


松陰は我が身を案じる気もなく、「将及私言」と題した建白書を書くことに没頭した。

その建白の内容は、

「ペリー来航の様子。

一旦は帰国したが、来年にはまた回答書を受け取りに来ること。

その要求は日米和親条約締結。

捕鯨船などへの、食糧と大量の石炭や水の補給。

異国船への開港など。

幕府が拒絶の回答をすれば、我が国は存亡を賭けた戦いに及ぶこと。

大平に慣れ切った幕府では、百戦錬磨の外敵と戦うのは覚束《おぼつか》ないこと。

今こそ日本全体、各藩が力を合わせて堅い備えをする時であること。」

そして、

「大義のもとに事態に当たる上で大事なことは、天下は朝廷の天下であり、天皇の天下であるということです。しかし、天皇も朝廷も実際の政治は行っていません。

つまり、天下とは皆のものであり、幕府は天皇の命を受けて、皆のものを預かって政権についているだけのことです。天下は幕府の私有ではなく、幕府は徳川ではなく日本を守るためにあるのです。

それこそが道理というものです。

真に日本のためになるのであれば、開国とするのも良いでしょう。

徳川のためにではなく、日本を守るために外敵と戦うのであれば、幕府は先頭に立って、諸侯を率いて戦うべきです。我が長州藩も日本の危機のために、藩を挙げて事に当たるのが大義というものです。」

との主旨であった。

　続けて藩主の取るべき急務を示し、

「藩主は大事に当たっては、衆議に掛けて判断すること。

藩主は夜中であろうと進言を聞き、家臣からの諫言を聞き入れること。

藩主は側近のみならず、広く藩士の能力を用いること。

藩主は師と書によって見聞を広め、政道を見誤らないこと。

藩主は兵術の進歩に心を砕き、西洋の優れた砲銃・騎兵・戦艦・制度・技術を取り入れること。

諸藩と協力して、船艦の導入と操縦術を訓練すべきこと。」

と辛辣な意見を並べて、

「国家の大事を目前にして、召し放ちの身である自分が上申するのであるから、どんな厳罰が下ろうと依存はありません。」

と添えて、江戸藩邸に提出した。

江戸藩邸の直目付は、

「浪人となった吉田の名前で、これを殿に差し出すのはまずいだろう。」

と機転を利かせて、建白を匿名にして藩主に提出した。

しかし、慶親は一読するまでもなく、

「寅次郎だな。相変わらず耳の痛いことを、遠慮なく言ってくる。しかし、久々に会って話をしたような気分だ。いちいち寅次郎の言う通りだ。この国家の大事、寅次郎よ、私はお前の意見が正しいと思うぞ。」

と建白を受け入れた。

ところが残念なことに、この建白書を書いたのが吉田松陰であることは、間もなく保守派の重臣たちの知るところとなった。

「浪人の分際で、建白とは僭越至極である。江戸藩邸への出入りを禁止せよ。」

と即座に指示を出した。

保守派の家老は余程頭にきたらしく、江戸藩邸への指示を慶親にも知らせなかった。

慶親は後でこの処分を知って、

「建白もできない頭の固い古狸どもが、こんな忠臣に焼き餅を焼きよって。まあしかし、藩邸出入り禁止程度なら、命に係わることもないか。」

と知らぬふりをした。

「ジョン万次郎」の先例が使える

一方の松陰は、西洋に学べと建白したものの、我が身を振り返れば、師匠に学ぶか書に学ぶかしか手がないことに苛立っていた。

象山も同様で、

「洋学に傑出した師と尊敬され、どんなに偉そうなことを言っても、所詮は実態を見たこともないではないか。この目で見て来なければ本物にはならんが、私は少し年を取り過ぎた。」

と悩んでいた。

そんな時、象山の元に朗報がもたらされた。

ペリーの黒船に驚愕した幕府が、軍艦の必要性を痛切に感じ、急ぎオランダに軍艦を発注したというのだ。

すぐに象山は、

「軍艦購入に際し、俊才の士を数十名オランダ留学に出してほしい。操船術、造船術、大砲の製造法の修得が急務である。これによって世界の情勢もわかり、計り知れないほどの国益をもたらす。」

と幕府海防掛への献策を行うために、懇意にしていた勘定奉行の川路に会った。

川路は大いに賛同して、

「その通りです。

あなたの門弟にも優秀な若者がいましょう。何人か推薦してください。」

と答え、当然その数名の中に松陰の名前があった。

象山も松陰も、時代の潮目が変わりつつあることを大いに喜んだが、幕府は川路の熱心な働き掛けを退けて、

「軍艦は買うが、それ以上の出費は抑えたい。一介の藩士の生意気な奏上は、身の程知らずというものだ。」

と全くの無視であった。

象山は門弟を集め、

「勘定奉行の川路は物分かりがいいが、幕府の重臣どもは馬鹿ばかりで、国難の認識がまるでない。

オランダから軍艦を買ったのはいいが、操船術も造船術もわからずに、江戸の海に浮かべておったら、国を守れるとでも思っておるのか。

この俺の献策も無視しておる。あの馬鹿どもには、この国は守れんわ。」

と激怒した。

そして、密かに松陰を呼び、

「こうなったら、密航してでも海外に行かなければならんな。しかし、幕府の法では海外に渡航しようと企てれば死罪、仮に海外に出ることができたとしても、帰国すればその者は死罪となる。

出国も帰国も、いずれも死罪だ。吉田、何かいい知恵はないか。」

と持ち掛けた。

松陰は、

「漂流民でさえ帰国させないという幕府の法ですが、土佐の漁師でジョン万次郎という男が、嵐で漂流しているところをアメリカの捕鯨船に助けられたそうです。

船長に気に入られて養子になり、ジョン・マンという名前でアメリカの学校にも行き、学業もよくできて首席卒業だったそうです。

しかし、帰国してきたので死罪のはずですが、土佐の士分に取り立てられたそうです。

英語ができて、アメリカの事情をよく知っているということで、幕府は黒船対応のために江戸に呼び寄せています。

死罪どころか、中浜万次郎という名を与えられて、今や幕府直参となっています。」

と言った。

「ああ、それなら私も聞いているよ。琉球まで帰ってから薩摩に送られて、薩摩藩の取り調べを受けたらしいな。

その時に島津斉彬《なりあきら》公は、ちゃっかりと色々なことを教えてもらったらしいぞ。あの人は本当に抜け目ない人物だ。

その後は長崎奉行所で踏み絵を踏まされて、土佐藩から迎えに来た役人に引き取られ、土佐では参政の吉田東洋に調べられたらしい。その上で土佐の藩校で教授をしていたというから、なかなかの英才だ。

幕府をはじめ薩摩でも土佐でも、万次郎のような海外を知る人間を欲しがっているのだ。」

とさすがに象山は詳しかった。

「先生、ということは、このジョン万次郎はいい先例となりますね。

漂流民を装えば、海外から戻っても何とかなるのではないですか。」

と寅次郎は興奮気味に答えた。

ロシア艦への密航失敗

そんな折、ロシアの海軍軍人プチャーチンが国交を求めて、軍艦で長崎に来ているという情報が飛び込んできた。アメリカの武力を背景に交渉する強硬姿勢とは違い、プチャーチンは日本の国情を尊重して、じっくりと紳士的に交渉を進めようという姿勢であった。

松陰は、

「よし、この機会を逃してはならん。ロシア艦に乗り込めば海を渡れる。」

と思わず膝を叩いた。

プチャーチンの紳士的交渉姿勢から、交渉は長引くと見られていて、しばらくは長崎にいるという噂だった。

松陰は、

「先生、またとない機会です。私はロシア艦に乗せてもらい、海外脱出を図ります。何年か経ったら、漂流民として帰ってきますから。急ぎ長崎に向けて出立いたします。」

と笑みを浮かべて言った。

象山は、

「この男の才能は素晴らしく、凡庸な人間とは交わらない。誰にも打ち明けずに、万里の道を歩むつもりだ。世界は隣同士のように繋がっている。自ら出て行って、己の目で見る。様々な情勢を調べてみれば、一見は百聞を超える。

智者は好機を逃さず、帰りも機を逸さないでほしい。」

という意味の、「吉田義卿《ぎけい》を送る」と題した選別の漢詩と四両の金を贈った。

義卿とは松陰が使っていた字《あざな》（実名以外に使った名）である。

象山は、松陰の抜きん出た頭脳の優秀さと、その上すぐに実践に移せる行動力に惚れ込んでいた。

松陰は、

「象山先生送別の韻《いん》に歩《ほ》して却呈《きゃくてい》す」

と長崎に向けて旅立つ松陰に、師匠が激励の詩を贈ってくれたことに対して、お返しの詩を作って差し出した。

長崎に行くとは言え、その先は海外への密航となるのであるから、命懸けの旅の意義を師に激励されて、松陰はその意気込みを漢詩に込めたのだ。

その主旨は、

「翼を広げて雲の上から見てみると、この世界も小さな一塊《ひとかたまり》の土です。隣り合わせでない場所などありません。」

であった。

「この旅は今生の別れとなり兼ねない危険な賭けでありますが、すぐ隣の土地まで行ってくるようなものです。必ず無事に帰ってきます。」

と師に誓ったのである。

ただの蛮勇では無駄死にとなり、生きて帰ってこそ知識も経験も活かされることは重々承知の上での決断だ。

急ぎの旅とは言え、江戸から長崎までは遥か遠いため、かなりの日数が掛かる上に大変な疲労も伴う。

それでも危険な密航を企てる身、途中京都の皇居前で天皇に捧げる詩を詠み、松陰は身を引き締めた。

松陰は大阪からは船で豊後・熊本と進み、宮部鼎蔵の家に泊まった。

この時、幕府・諸藩を越えた統一国家の必要性を説いていた横井小楠を紹介されて、大いに国家論を語り合った。

横井は福井藩主・松平春嶽から何度も招聘を受けるなど、幕政改革について春嶽の良き助言者となっていた。

横井や宮部と語り合うことは、松陰にとっても有意義な時間であり、ついつい数日の間宮部宅で過ごしてしまった。

信頼する宮部とは別れ難かったが、この旅の本来の目的から外れるため、名残を惜しみながらも長崎に向けて出発した。

松陰はやっとの思いで長崎に辿り着いたが、待っていたのはロシア艦がすでに一昨日出航していたという落胆の事実だった。

「遅かったか。つい熊本で長居をしてしまったばかりに。」

と松陰は遠く海を見つめた。

普通であれば、あれだけの決意でやってきたのであるから、心を打ち砕かれるところだろう。

しかし、日本のためという大きな目的意識と強い使命感によって、このことが松陰を打ちのめすことはなかった。

長崎で数日過ごし知人を訪ねて、再び熊本に戻って宮部と共に熊本藩・家老の有吉市郎衛門に会った。

松陰は、

「外国に屈して国を開くのでは、国の体面が立ちません。

私はロシア船に乗り込もうと考えましたが、すでに出航していたため果たせませんでした。

今は世界に学び、日本の国力を高める時です。つまり私の攘夷説は、一旦は外国の要求を退けておき、国力充実の上でこちらから自主的に開国して、堂々と貿易を行うというものなのです。そのためには、諸藩が幕府の外交姿勢に対して諫言すべきなのです。」

と訴えた。

有吉は聞いてはくれたが、

「今は下手なことはできないから、自重すべきだ。ましてや密航などという大それたことは、聞かなかったことにする。」

と言って、行動は起こしてくれなかった。

「くよくよしている暇などはない。こうなった以上は、来年来航するペリーの黒船に乗り込むしかないだろう。急ぎ江戸へ帰り、象山先生と共に策を練らなければ。」

と心はすでに黒船の船上にまで走っていたのである。

不平等条約締結

幕府重臣たちは、

「黒船は昨年六月に来たのであるから、今年はまあ夏頃に来るのであろう。」

と考えた。

幕府は羽田沖に十一ヶ所の台場を建造し、砲台を置くことにしたが、佐久間象山が提言していた数百の砲台とは数が懸け離れていた。

「たった半年では防備などは一向に進んでいないが、まだまだ何か策を講じなければならん。諸藩には、禁じていた大型船建造も認めよう。」

と諸藩に大型船の建造も奨励した。

その反面、

「とにかく鎖国は堅持することを考えなければならん。条約のことは五年後に取り決めるということにして、先延ばしにすればいいだろう。」

と甘い考えでいた。

嘉永七年（一八五四年）正月早々の十四日に、ペリーは早くも小柴沖に現れた。しかも今回は七隻の艦隊を引き連れての来航である。

ペリーは「来年また来る」とは言ったが、「一年後」とは言っていない訳である。

「早すぎる。」

と狼狽する重臣たちの危機管理能力は、甘いというより無能と言う他なかった。

幕府は前回の様にのらりくらりと交渉を引き延ばしたが、ペリーという男はそんなに甘くはなかった。

ペリーは幕府の喉元に刃を突き付けるように、艦を羽田沖に進めて水深の測量を始めた。

しかも何度も空砲を轟かせて、威嚇を繰り返した。

さすがに困った幕府は、

「昨年と同じ場所、浦賀で正式な交渉を進めたい。」

と申し出た。

しかし、これまでの優柔不断さが災いして、ペリーからは、

「交渉は江戸で行う。」

と押しの一手であった。

当時のアメリカでは、すでに交渉学という概念も確立され始めており、ペリーや同行してきた参謀長などはこれを修めていた。その上、ディベートという討論技法も盛んに用いられており、これは意見の対立が前提とされるため、「口論の技術」「相手をやり込める技術」と言える。

理性的且つ論理的な議論で押されて、幕府の小役人などは全く歯が立たないのだ。

幕府側が「浦賀」と言えば、「江戸」と返ってきて、役人が困ったところに、

「では神奈川宿でどうか。」

と譲歩を見せる。

幕府は交渉の場を決めるだけでも手玉に取られ、結局は江戸に近い「横浜」まで譲歩させられた。

役人は
「やれやれ、江戸にならなくて助かった。」

と安堵し、まだその無能さに気づいていなかった。

ことほど左様に幕府の交渉力は弱く、横浜での交渉ではペリーにいきなり「日米修好通商条約」締結を要求された。

「長崎以外の主要な港の開港。

アメリカ人の居留許可。

アメリカとの通信と交易。」

など、鎖国を打ち破ろうとしてくるのであった。

幕府としては、

「漂流民の救助や、アメリカ艦への薪や水の供給は容認する。

しかし、開港や交易については、五年後に取り決めることにする。」

として引き延ばしに終始した。


交渉の達人に通用するはずがない返答を続けた結果、ペリー随行の参謀長は敵意を露わにして、

「この通商条約を結ばないと言うのなら、アメリカ本国から更に多くの軍艦を派遣させるが、それでもいいのか。」

と脅してきた。

「まあ落ち着け。けんか腰になってはいかん。」

とペリーがたしなめた。

過激に攻めてくる参謀長と、譲歩や懐柔の姿勢を見せるペリーとの役割分担はできており、交渉役の幕臣を揺さぶり続けた。

そして妥協点となったのが、［日米和親条約］で、

「友好的条約は結ぶが、通商条約は結ばない。」

という不可解なものである。

或る意味、まやかしの友好関係の樹立で、幕臣たちはこれが「不平等条約」であることに気づかずに調印した。

幕府は譲歩に見せかけたペリーの思う壺にはまったのである。

［日米和親条約］は十二ヶ条で構成されているが、問題は第九条に隠されていた。

「今後、日本政府が本条約にない特権や利益を他国に与えた場合は、アメリカは何ら協議することなく、同じ特権・利益を供与されることになる。」

という最恵国待遇である。

この約款は明治の終わりまで日本の外交に大きな禍根を残した。

アメリカ以外の国と条約を結んだ際、有利な条項があれば無条件でそれを獲得されてしまうという条項こそが、徳川幕府が倒れる原因の一つと言っても違いはない。

この約款を知った西洋諸国は、次々とこの条項を求めてきたため、幕府はなし崩しに他国とも締結してしまったのである。

しかも事の重大さに気づかない幕臣は、

「通商条約は避けたので、たまにアメリカ船が来ても、下田か函館に寄港して物資の補給をするだけだ。まず鎖国は守れたということだ。」

と高を括っていた。

長い平和と鎖国が、国際関係・国際条約の無知という悪しき副産物をもたらしていたのである。

第五章　密航失敗と奇跡の存命

黒船来航図　（ヴィルヘルム・ハイネ作）

黒船への密航未遂事件

江戸へ戻っていた松陰は、象山に長崎での残念な報告をした後、

「かくなる上はペリーの黒船に乗って、何としても出国して学んでくる。」

旨の企てを知らせた。

象山は平然と、

「私もそれを勧めようと思っていた。今やそれしか手はないだろう。私も行きたいが、四十六歳では少し年を取り過ぎてしまった。周到に準備して、必ずやアメリカに行き、しっかりと学んで来い。」

と励ました。

「私も象山先生とご一緒したいのは山々ですが、先生のお年を考えれば少々荷が重いと考えておりました。長州藩の商人の子で、藩邸の雑役を務める金子重之助《かねこしげのすけ》という者が、私の企てを知り、弟子になって同行したいと申しております。志を同じくする者ですから、連れて行きたいと思うのですが、お許しいただけますか。」

と松陰は申し出た。

象山は、

「それはいい。沖まで小舟を漕ぐのには、二人の方が好都合だ。一緒に行くがいい。何より大事なことは、お前の志に共感して、行動を共にしたいという弟子だということだ。弟子の礼とは、［守破離］の［守］からだ。まずは師の教えに忠実に、型を守るところから修行が始まるのだから、今回はお前に全て従うと約束させておけよ。

後には、その型を自分の中で探求し、自分に合う［より良い型］をつくり、既存の型を破る［破］だ。

最後には師匠の型、そして自分自身が造り出した型から離れて自在になるという［離］だ。

それが師から学ぶ姿勢というものだ。

師であるお前が認めたその男なら、きっと教えに忠実に役に立ってくれるだろう。」

と認めた。


定宿の蒼龍軒では、松陰の心許せる同志だけに密航の企てを打ち明けたが、

「幕府の取り締まりも相当厳しいらしいから、危険が大きすぎるぞ。今回は断念した方がいい。」

と総じて反対意見であった。

宮部は腕組みをして無言のままであった。

しかし松陰は、

「富士山が崩れ落ち、利根川が枯れるような天変地異があっても、この強い志が変わることはない。」

という旨の詩に想いを託し、同志たちに渡した。

そして、

「もし失敗すれば、鈴ヶ森の処刑場でさらし首になることは覚悟している。

それでも信じて疑うことのない至誠が、必ずこの日本という国を救うのだ。」

と訴えた。

この一点の曇りもない決意には、同志も反論を止めて、

「さすがは吉田松陰、揺るぎない見事な志だな。

我らも陰ながら応援する。何かできることがあれば言ってくれ。

しかし、決して無理して犬死するようなことがないように、周到に準備して行けよ。」

と口々に励ましの言葉を贈った。

宮部鼎蔵や来原良蔵ほか、永島、白井、赤川ら八人の同志の目を直視しながら、

「今は日本の大事。命を賭す覚悟だが、簡単に捨てはしない。これは匹夫《ひっぷ》の勇ではない。」

と松陰は静かな闘志を燃やして答えた。


ペリー来航から二ヶ月近くが経つ三月五日、松陰は重之助と連れ立って、江戸から横浜へ向かった。

松陰は重之助に、

「黒船に乗り込む前に、ペリーにこの志を伝えるための投夷書《とういしょ》を漢文で書こう。」

と言い、

「漢文ですか、ペリーは漢文が解るのですか。」

と重之助は目を丸くした。

「いや、解らんだろうよ。

しかし、黒船には中国人の通訳が乗っているらしいから、英語に訳して伝えてくれるはず。

どんな志も、相手に伝わらなければ意味を持たんからな。」

「そうですね。確かに意を伝えるには、言葉が通じなければなりませんから、この手しかありませんね。」

と重之助は師匠の考えに納得した。

　投夷書には概ね、

「日本国江戸の書生二人が、ペリー提督閣下と将校の皆様にお願いがあります。私たちは身分は低いが、武士の端くれです。全く無知で半人前ですが、アメリカ・ヨーロッパのことを知り、この目で世界を見たいと望んでいます。どうぞ貴船に我々を乗せてください。外国への航海は日本では固く禁じられている行為ですから、何とか秘密裏に連れて行ってほしいのです。もしも、このことが日本の役人に知れたら、私たちは斬首刑となるでしょう。何とか私たちを匿《かくま》って、命を救ってほしい。些か不躾で粗暴なお願いだとは思いますが、誠実な志でお願いいたしております。何とかこの心情を察して疑うことなく、拒絶せずに迎え入れてほしい。」

という意味合いのことが書いてあった。

　さて、問題はこれをどうやって渡すかだが、アメリカ将兵との接触も、沖の黒船にも近づけないと思慮しているところ、何と黒船は空砲を撃って出航してしまったのだ。

　重之助は方々聞き回り、

「聞くところによると、黒船は今回の条約で開港した伊豆の下田に向かったそうです。」

と松陰に報告した。

「天は目的の大きさに応じて、試練の大きさを決めているのだ。これ位のことで嘆くこともなかろう。

上手くいかないほど志も強くなり、やる気も出てくるではないか。さあ、急いで下田に行こう。」
と伊豆半島の先端の下田に向かった。

下田は陸も海も幕府から厳しく見張られていて、アメリカ将兵との接触ができず、忸怩《じくじ》たる思いであった。

幕府はまだ条約締結から間もない時に、攘夷の思想を持つ者が上陸しているアメリカ将兵を襲うような事件が起きては、幕府の沽券《こけん》に係わると、厳戒態勢を取っていたのである。

松陰は重之助に、

「町の人々は異人を珍しがって、服のボタンや懐中時計に触りたがり、アメリカ将兵も機嫌よく触らせたりしているらしいぞ。我々もこの手でいこうではないか。」

と言った。

アメリカ将兵が散歩しているのを見つけ、人目に付かないところまで着いて行くと、重之助が、

「お願いがあります。ボタンに触らせてください。」

と声を掛け、珍しそうにボタンに触った。

日本語は通じないが、アメリカ将兵はこのようなことに慣れていたため、別に咎めもしなかった。

松陰も将兵に近づいて、懐中時計を見せてもらいながら、一瞬の隙を見て投夷書を渡した。

襲われると思われてはまずいと、二人は人差し指を唇に押し当てて、

「シィー、シィー。」

と繰り返しながら、その場を立ち去った。

帰りの道すがら、

「重之助、下田に着いてから八日掛かったが、何とか第一関門は突破できたな。きっと先ほどの将校は、投夷書をペリー提督に渡してくれるだろう。後は黒船に乗り込むだけだな。隣の柿崎村まで迎えに来てほしいと書いたが、きっとそれは無理だろう。下田は警戒が厳重だから、明後日の夜中に柿崎村から小舟を漕いで行こう。」

と松陰は機嫌よく言った。


決行当日、二人は柿崎村の浜の弁天様に潜んで夜を待った。

重之助は事前に小舟を隠しておいたが、夜陰に紛れて舟を出した途端、櫓をこぐ支点の櫓杭《ろくい》がないことに気づき、慌てて声を上げた。

「あ、櫓杭がなくなっている。先生、申し訳ありません。知らぬ間に櫓杭が外されていました。これでは櫓が漕げません。」

松陰は重之助を責めることなく、

「仕方ない、もう戻らんぞ。こうなったら褌《ふんどし》で括りつけて漕ごうではないか。」

と褌を脱いだ。

重之助も慌てて褌を脱ぎ去り、必死で櫓を固定した。

褌で固定した程度では櫓は漕ぎにくく、なかなか思うようには進んでくれない。

しかし、二人にできることは必死で漕ぐことだけで、ヘトヘトになりながら岸から一番近い黒船に着いた。

「お願いです。決して怪しい者ではありません。」

と言いながら、舷梯《げんてい》の階段を一気に駆け上がった。

数人の夜警の兵士に取り囲まれ、松陰は懐紙を取り出して、

「私たちはアメリカに行きたい。あなたはペリー提督に何とか良しなに伝えてほしい。」

と漢文で書いて見せた。

しかしその漢文は全く通じることはなく、松陰は自分の胸を指差し、次に艦を指差して、この艦に乗りたいことを必死で伝えようとした。

すると兵士が、

「ポウハタン、ポウハタン。」

と言いながら、更に沖に停泊している艦を指差した。

松陰は、

「なるほど最新の蒸気船、あれが旗艦か。ペリー提督も通訳も、あの艦に乗っているはずだ。」

と考えた。

通じるかどうかは別にして、

「ありがとう、感謝します。」

と言い残して、すぐに小舟へと舷梯の階段を駆け下りた。

二人はもう一度気力を振り絞って、沖の旗艦に向けて漕ぎ続けた。

薄暗い海に浮かぶ旗艦ポウハタンには、巨砲一門に十数門の大砲が見える。

「この威容はペリーの旗艦に違いない。重之助、あと一踏ん張りだ。」

波に翻弄されながらも、何とかポウハタンの舷梯に着いたが、見張りの兵士に見つかってしまった。

兵士は階段を駆け下りてきて、有無を言わさず松陰たちの小舟を棒で突き返した。

小舟は流されてしまったが、二人は舷梯の階段にしがみつき、何とか船上まで上がることを許された。

しばらく兵士に見張られながらも、二人は大砲を眺めていた。

そこに一人の男が近づいてきて、

「私は通訳のウイリアムズです。あなたは一昨日下田で、将校に手紙を渡しましたか。」

「はい、その通りです。私が書いたものです。」

「翻訳して提督にも読んでもらいましたが、大変感心していましたよ。

ただし今は条約を結んだばかりで、あなたたちを連れて行くと、日本との関係が難しくなります。

いずれアメリカと日本は、自由に行き来ができるようになります。

もうすぐですから、今はやめておきなさい。」

「私たちは今すぐにアメリカに行き、学問がしたいのです。」

「ダメです。まだ日本の法律は認めていません。

これはペリー提督の指示ですから、どんなに頼まれても許可は出ません。

ボートで海岸まで送りますから、諦めて帰りなさい。」

と松陰と重之助の夢は無念にも打ち砕かれたのである。

自首して師を守る

岸へ送り返されるボートの上で松陰は、

「しまった。」

と言って、必死で海を見渡した。

「どうされたのですか、先生。」

と重之助が松陰の様子を見て慌てて聞いた。

「象山先生にいただいた送別の詩だ。どうやら小舟に置いてきてしまったようだ。小舟が見つかり、あれが役人の手に渡れば、象山先生に疑いが掛かってしまう。小舟が漂流していたら、ここから海に飛び込んででも取り戻しておかなければならん。」

と松陰の動揺は大きかった。

二人で目を凝らして海上を探したが、小舟は見つからなかった。

そうこうしているうちに、ボートは海岸に着き、二人は降ろされた。

アメリカ兵の配慮で、そこは人目に付きにくい浜であった。

「どこかに漂着しておるかも知れない。小舟を探そう。絶対にあの送別の詩を見つけなければ、象山先生に疑いが掛かり、大変なことになる。」

と言って、二人は夜通し海岸を歩き回った。

しかし小舟を見つけられず、とうとう夜が明けてしまった。

「先生、ここは一旦逃げて、様子を伺うというのはいかがですか。送別の詩が必ず役人の手に渡るという訳でもないでしょう。」

と重之助が言った。

しかし松陰は
「いや、象山先生に疑いが及ばぬように、先手を打とう。こちらから潔く自首して、我らの一存でやったと自白しよう。」

と言い、重之助は、

「わかりました。重之助、お供いたします。」

と応じた。

二人は下田奉行所に自首して、

「我らはどうしてもアメリカに行こうと、ポウハタンという黒船の旗艦に乗りました。乗船して通訳と話したが、ペリー提督は日本との関係を気にして、ボートで我らを送り戻されました。」

と言った。

取り調べの役人は、キツネにつままれたような表情で、しばらく沈黙の後、

「な、なんということをしたのじゃ。お前たちは渡海のご法度を知っておろうが。天下の法を犯すとは、忠孝の武士にあるまじきことだ。」

と役人は咎《とが》めた。

　松陰は、

「今の日本は、いかに世界と伍していくかという、大方策を立てなければならないのです。海を渡り、世界の情勢をつぶさに調べてからしか、この構想は考えられません。この密航には、日本の国のための遠大な目的があるのです。元より死を覚悟しての、日本のための大義です。」

と毅然と言い放った。

　取り調べの役人が、奥で他の役人と何やらひそひそと話しを始めた。

　そして松陰に、

「お前は江戸の佐久間象山の門下であるか。佐久間に唆されてやったのであろう。」

と問い正した。

　松陰は内心、

「しまった、やはり象山先生の送別の詩は、役人の手に渡っていたのか。」

と一瞬たじろぎ、心穏やかでなかった。

　しかしきっぱりと、

「我々は自らの信念を持って動いているのです。人に唆されてとは、失礼千万な言い方です。あえて言うなら、ここにおる金子重之助は、私に唆されて着いてきた者ですが。」

　重之助は、

「あ、いや。」

と言って、言葉が続かずに黙った。

松陰は象山が関わっていることを、何としても隠し通したく、余計なことまで饒舌に語ってしまった。

良かれと思い、一言多いのが松陰の悪い癖であった。

「そもそも密航は昨年、長崎のロシア艦船で行うつもりでした。残念だが駆けつけた時には、ロシア艦船は出航後でしたから、想いが遂げられなかったのです。それで止む無く江戸へ戻り、黒船に乗り込むことにしたのです。こんな大変なことを、誰かの唆しなどでやるはずがないでしょう。」

と昨年のことまで自ら白状した。

役人は呆れ顔で、

「呆れた奴だ。一度ならず二度までも密航を企てようとは。江戸送りだ。迎えが来るまで、牢屋に閉じ込めておけ。」

と吐き捨てるように部下に言った。

ペリーの助命嘆願書

乗船を断ったペリーも、二人が自首して入牢していることを知った。

この純粋な日本人の向学心に感動を覚え、

「あのナーバスなタイミングでは仕方なかったが、実に素晴らしい日本の若者を見捨ててしまった。

幕府のスパイかも知れないし、こちらの出方を見るために我々を試したのかとも疑った。

しかし、それは間違いだった。

純粋で学問のために命も賭けるという、あの二人の知識欲は凄い。

日本人のこの特質は、この国の素晴らしい未来を物語るものだ。

何とか命だけは助けるように、幕府に手紙を書こう。」

と通訳のウイリアムズに言った。

　ペリーはすぐに幕府に宛てて、

「日本の厳しい法律によれば、確かに二人は罪を犯したのだろう。

しかし我々から見ると、それは自由にして賛美すべき好奇心の現れだ。

どうか幕府当局は寛大に、二人を斬首にするような厳重な刑罰を与えないように望む。」

と助命嘆願書を書いた。

　幕府としてもペリーの嘆願書は無視できず、

「日本の法を犯して、貴艦に乗り込んだ日本人への心遣い、ありがとうございます。

貴殿の心配のないように、寛大な処置をいたすので、ご心配には及びません。」

と返答したため、ペリーはほっと胸を撫で下ろした。

　ペリーは軍事力を背景にした力の外交とは裏腹に、若者の純粋な向学心に感動して、二人のために何かをせずにはいられなかったのである。

江戸伝馬町牢送り

松陰と重之助は、江戸からの八丁堀同心がやってくるまでの十日間ほど、足を伸ばすこともできない狭い牢に閉じ込められた。

その間も松陰は挫折感に負けず、重之助に中国古典の教訓などを説き続けた。

ペリーの嘆願のことなど知る由もなく、重之助は膝を抱えながら、

「先生、我々はもはや死罪となるに違いありません。今更教えを受けても、何も頭に入ってきません。」

と諦め顔でぼやいた。

松陰は、

「人間いつ死ぬかは分らんが、孔子も、朝《あした》に道を聞けば、夕《ゆうべ》に死すとも可なりと言っている。人間、死ぬまでが勉強だ。まして今の我々は、ここから出ることはできない。学問以外に他にすることもなかろう。このような時の勉強こそ本物の修練だ。」

と重之助を諫めて言った。

そして牢番に、

「持っていた本をなくしてしまったので、何か書物を貸していただけませんか。」

と頼んだ。

牢番は、

「お前たちは国禁を犯したのであるから、いずれ重刑になる。今更学問をしても意味がないだろう。」

と答えたが、松陰は、

「人間、いつ死ぬかは分かりませんが、死ぬ時までが勉強です。私は最後の最後まで学び続けます。」

と言い放った。

　牢番はその心意気に感動して、自分の手持ちの書物を貸してくれたのである。


　江戸の北町奉行所から、二名の八丁堀同心が岡引き五人を引き連れてやってきた。重罪人の護送は厳重で、手かせ足かせに腰縄を打たれ、唐丸籠に乗せられて、五日がかりで江戸に運ばれた。護送の道すがら二人は、市中ではさらし者であり、見物の町人たちは、

「これほど厳重な護送じゃ、これは死罪になるだろうな。一体何をやらかしたのかな。」

と口々に言った。

　天城や箱根の峠越えは大変で、岡っ引きも何度も交代〃で唐丸籠の担ぎ手を頻繁に入れ替わった。

「お役目とは言え、峠越えはきついのう。こいつらに担がせて、わしの方が籠に乗りてえわい。」

とぼやく声が何度も聞こえた。

　しかし松陰は、

「問題は伝馬町の牢屋敷に着いてから、取り調べの中でどうやって象山先生を守るかだ。自分たちのことは致し方ないが、何としても象山先生だけは守り通さなければ。象山先生に害が及ばないようにするには、どうすればいいのだろうか。」

と苦心惨憺考え続けていた。

川崎を過ぎ江戸に入って、高輪の泉岳寺に差し掛かった時、松陰はふと思い出した。

東北に旅立った際の、江幡の仇討ちのことである。

「赤穂義士の討ち入りが十二月十四日ということで、仇討ちの験を担いで東北に旅立ったな。江幡さんは本懐を遂げたのであろうか。

ここ泉岳寺には主君・浅野様と共に、私と同じ山鹿流の大石内蔵助様も眠っておられる。」

と瞼を閉じて心の中で手を合わせた。

仇討ちの心情が今の自分のものと重なり、

「かくすれば
かくなるものと知りながら
已むに已まれぬ大和魂」

と歌に詠んだ。

「捕まれば、こうなることは百も承知だったが、向学の志は一切の迷いもなく、密航を決意させたのだ。このどうしようもない志こそ大和魂だ。」

と松陰は、重罪人の護送に興味津々の庶民の目など全く気にもせず胸を張った。

二人は北町奉行所で仮牢に入れられてから、間もなく伝馬町牢屋敷へと移送された。

憂国の士、死罪を免れる

伝馬町の牢屋敷に着いてすぐに、松陰は酷く落胆した。

密航教唆の疑いで、佐久間象山がすでに牢に入れられていたのである。

「やはり象山先生を巻き込んでしまったか。

私がうっかりして先生からいただいた漢詩を小舟に置き忘れたために、先生に大変な迷惑をお掛けしてしまった。」

と松陰はつくづく己の脇の甘さを悔いた。

松陰は子供の頃から何かに打ち込んでいると食事さえ忘れることがあり、また、かっとしやすい短気な性格も自己抑制して、穏やかな態度を取っていたのである。

肝心な時に悪い癖が出てしまうのは、松陰の性《さが》であった。

佐久間象山という男は、入牢程度のことで怯《ひる》むような気弱な者ではなかった。

象山は奉行に対して一歩も引かず、激しく徹底論戦を仕掛けていた。

「アメリカに開国した以上、鎖国はすでに破綻しているではないか。

このように西洋諸国と対峙している日本国の大事に、海外に学んで国力を高めるのは喫緊の課題だ。

私の洋学知識は日本一であり、私の右に出る者はいない。

私は誰よりも西洋の事情に精通している。

この国の大事において、実情を探査するという志を持つ者が捕らえられたと聞いたが、そのような者を投獄するとは本末転倒である。

お国のために命懸けで渡航を図った二人を、忠臣だと褒めてやるのが本筋というものだ。」

と強く訴え掛けた。

象山もまた、松陰たちを救おうと必死であった。

奉行は、

「お上に言いがかりをつけるとは何事か。

自分の罪を逃れようとする方便であろうが。言い逃れを申すな。

ましてや国禁を犯した者を擁護するとは、いよいよ密航教唆の疑いがある。」

と応じたが、象山の論理的反抗を喝破するには至らなかった。

その後も象山は、伝馬町牢屋敷内の穿鑿《せんさく》所で奉行に咬みつき続けた。


一方の松陰は必死で象山を守ろうとして、国禁を破ったことをすぐに認めた。

「密航が大罪であることは承知の上です。

しかし、今この日本の情勢では、海外に学ばなければ国は守れません。

この国を想う志こそが、大義というもの。渡航する以外に、海外に学ぶことができますか。

まして、このような大事を誰かの指図でやる訳がないでしょう。

私の崇高な志に、泥を塗らないでください。」

と奉行に訴え続けた。

北町奉行は幕臣との協議を重ねながらも、攻めあぐねていた。

幕府内では、

「今や、奴らのことを憂国の士だと褒め称えるいう者もおるようだ。」

「奴らを死罪にすれば、幕府批判の世論が高まる恐れもあるだろう。」

と事を憂慮していた。

そして、何よりもペリーの嘆願書が効いていたため、

「ペリーの嘆願に対して、幕府は極刑にしないという返答をしましたぞ。

ここはペリーの顔も立てない訳にはいかんだろう。」

と幕臣の中では日ごとに減刑論が増していたのである。

さすがの幕府も、世論の動向と国際関係には敏感になっていた。


半年に亘る論戦の結果、三人に対する詮議は意外な決着を見ることとなった。

最後には三人にあっさりと、

「在所にて、蟄居謹慎。」

という、思いのほか軽い刑が言い渡されたのである。

本来なら問答なしの「死罪」であるが、「自宅謹慎」となったのであるから、過去に類例を見ない減刑であった。

松陰や象山にとっては、正に至誠通天であったと言えるが、ここでも幕府の及び腰と弱体化が顕著となっていたのである。

この後も事ある毎に幕府の不甲斐なさが露呈して、徳川政権の屋台骨が揺らぎ続けることとなった。

佐久間象山は信州松代での蟄居謹慎を余儀なくされたが、元治元年（一八六四年）に一橋慶喜に招かれて上洛し、慶喜に公武合体論と開国論を説いた。

しかし京都は尊皇攘夷派の志士の潜伏拠点であり、供も連れず無防備に三条木屋町を歩いていたところを暗殺さ

れ、五十四年の生涯を閉じたのである。

象山を斬った男は、後に象山の偉大な業績を知り愕然として、以後は一切暗殺に手を染めることはなかった。

罪人への密かな称賛

松陰と重之助が引き起こした事件は、長州の国許へもすぐに知らせが入っていた。

松陰の父をはじめ叔父や兄弟も、国禁を犯した大罪人の身内として、肩身の狭い思いをさせられていた。

しかし世間で松陰の悪口が飛び交う中、父母兄弟も叔父も松陰の志の正しさを固く信じていた。

「寅次郎が置かれている難局に比べれば、我らが受ける誹《そし》りなど取るに足らんものだ。寅次郎は日本国の大義のために働いているのだ。」

と父は気丈に振舞っていた。

そして、慶親の家督相続直後から藩政改革を断行して、藩の財政を復活させた元家老の村田清風は保守派の重臣とは違い、松陰の志を絶賛していた。

長州藩の長老として尊敬を集めていた村田は、主君・慶親と共に前々から松陰の志の高さを買っていたのである。

江戸藩邸からの知らせは、

「吉田寅次郎は黒船に乗り込んで、密航を企てるという重罪を犯しました。国禁破りということは、斬首刑は必定でしょう。」

との内容であったが、慶親は、

「村田、これは困ったことになったな。寅次郎も命運尽きて、もはやこれまでか。

今度ばかりは救いたくても、相手が幕府となれば手の打ち様がないか。

寅次郎の志は崇高なるものであるが、相手が幕府となると、下手をすれば藩の存亡にも係わることになる。」

と嘆息を漏らした。

村田は、

「殿、吉田寅次郎の処分がどんなものであったとしても、今の日本にとってはいいことをやったのです。

世間が何と言おうと、今の日本には海を渡るほどの志を持つ者が必要です。

これこそが、今後の日本の行く末の端緒となるものです。

寅次郎の志に共感して、これからは海外に目を向け、将来を担う若者が増えていくことでしょう。

寅次郎は一命を賭して先鞭をつけたのです。褒めてやらねばなりません。」

と激賞した。

慶親は最も頼りにしてきた重臣・村田の言葉に安堵して、

「できれば何とか生き長らえてほしいものだ。

今でも寅次郎は、長州の宝だ。表向きに大っぴらには言えなくなったが。」

と言い、複雑な表情で一口茶を啜った。

村田は、

「殿、吉田寅次郎は大変いいことをやったのですぞ。

これ位の思い切ったことをやらねば、幕府も目が覚めないでしょう。

世間が何と言おうと、寅次郎の志は天下に知らしめられました。

これで世の中の動きが、大きく変わっていく端緒となりましょう。」

と慶親に繰り返し語った。

「うん、私もそう思う。

しかし、寅次郎は人の一歩先どころか、二歩も三歩も先を行く奴だから、命がいくつあっても足りん男だな。

なかなか大っぴらに褒めてやることができんのが辛いが、先見とはそういうものであるな。

斬首刑は免れられないだろうが。」

と無念そうに庭石に生《む》した苔を見ていた。

「この苔も、何十年もの風雨を受けながら、このように良い景色を作っております。

志を実現させるのにも、何年もかけて嵐の中を耐えねばならんでしょう。

しかし初めの種がなければ始まらんのですから、寅次郎は見事にその種を植え付けたのです。

仮に殿と私だけであろうと、寅次郎の志という種を褒めてやりましょう。

後に続く志を同じくする者に、時にはこっそりと肥やしをやりましょう。」

と村田は微笑みながら言った。

　慶親も村田も、未だ幕府の威光を恐れる圧倒的多数の重臣たちの手前、表立っては言えないものの、二人だけの時にはこのような会話をしていたのである。

判決と裏腹の江戸藩邸

幕府からは微罪という判決が下り、松陰と重之助は長州藩江戸藩邸に引き渡された。

特に重之助は無宿者の牢に入れられた後、百姓牢に入れられていたため、最も劣悪な環境に置かれていた。そのため入牢中に重病を患っており、歩くことも座ることもできないほどで、戸板に乗せられて運ばれた。

松陰は、

「重之助、もう少しの辛抱だ。間もなく藩邸で治療もしてくれるだろう。しっかりするのだぞ。」

と励ましたが、戸板に横たわっていた重之助は、

「うう、先生、このような無様な姿で申し訳ありません。」

と答えるのがやっとであった。

藩邸に着いて、

「金子重之助は重病を患っています。何とか治療をしてやっていただきたい。」

と寅次郎は伏して願った。

「重罪人に掛ける情けなど、持ち合わせておらん。」

と留守居役の対応は極めて冷たかった。

江戸藩邸は幕府を慮《おもんぱか》り、幕府の軽い判決に対して、真反対の厳しい対応をした。いかに弱体化したとはいえ、幕府の威光はまだまだ残っていたため、江戸藩邸はいつも幕府の目を気にしていた。

「長州藩が二人をどう扱うか、幕府は見ておるだろう。判決が蟄居謹慎であろうが、重罪人扱いをしなければ幕府への体面が保てん。」

というのが留守居役の判断だった。

二人は江戸藩邸でも屋敷内の牢に押し込められたのである。

国許重臣の厳しい判断

江戸藩邸から萩への知らせは、

「両名とも在所にて蟄居謹慎の沙汰がありました。このような微罪となったのは驚きです。しかし、あくまでも国禁を破った重罪人であることは確かです。幕府は我が藩がどう対処するのかを見ておるはずです。幕府の目もありますから、唐丸籠に押し込めて、厳重な護送で国許へ帰すことといたします。」

とのことであった。

慶親は事あるごとに村田清風を呼び出して藩政の相談をしていたが、村田が高齢と持病の悪化で段々とその頻度は落ちていた。

隠退して家老職は後進に譲ってはいたが、村田の慧眼は藩の中でも突出していたため、慶親にとっては村田以上に頼りになる相談相手は他にいなかった。

慶親は無理を言って、療養中の村田を呼び出した。

「寅次郎は蟄居謹慎なのであるから、何も唐丸籠で護送するとは、留守居役も幕府を怖がりすぎだ。仁の心が足りない。まあ寅次郎が死罪を免れただけでも拾い物だが。」

と複雑な表情で言った。

村田は、

「殿、護送方法はどうあれ生きて国許に戻れるのですから、幸いなことこの上なしです。帰国してから、ほとぼりが覚めるまではしばらく大人しくさせるとして、その志を学びたいという者も少なからずおりましょう。生家で細々と小さな塾でも開かせて、蟄居謹慎だけは続けさせるという手もありましょう。私の体調がもう少し良ければ、少しは援護してやれるのですが。」

と案を示しながらも、自らの病状を嘆いた。


ところが江戸藩邸もそうであったように、萩に於いても他の重臣たちの意見は「厳罰一辺倒」であった。

慶親や村田がやんわりと、

「幕府の判決通り、生家での蟄居謹慎で宜しかろう。」

と言っても、重臣たちは誰も聞き入れようとはしなかった。

「聞くところによると、幕府は世論やペリーの嘆願に特段の配慮をしての裁きであるそうです。本来なら当然のこと、判決は死罪しかなかったはずです。

それを長州の国許でも蟄居謹慎で済ませたとなれば、幕府の心証を悪くします。

幕府の判決が微罪であっても、我が藩としては入獄とするのが妥当というものです。

我らで幾度も吟味した結果、吉田寅次郎は野山獄に入牢。金子重之助は百姓牢の岩倉獄に入牢。

同じ牢に入れては、また何を企《たくら》むか分りません。」

との判断を強く主張した。

「これ以上この件で揉める訳にもいくまい。致し方なかろう、そうせい。」

と慶親は渋々ながらも聞き入れた。

唐丸籠での厳重な護送

下田から伝馬町までの五日がかりの護送も、大変な疲労だったが、今度は江戸から萩であるから三十数日もの日数を要する。

松陰は重病のまま運ばれる重之助を心配し、

「このような病状で、国許まで命が持つのだろうか。せめて江戸藩邸で、回復を待ってからの護送でもよかろうに。留守居役も全く酷な仕打ちをするものだ。」

とこの重罪人扱いには強く憤った。

しかし江戸藩邸は急いで厄介払いをしたかったため、また二人に情け容赦なく手かせ足かせに腰縄を打ち唐丸籠で運ばせた。

松陰は護送中も重之助に励ましの声を掛けて気遣った。

途中の宿でも床《とこ》につくことは許されず、土間に唐丸籠を並べて置かれて、惨めな籠の鳥で過ごしたため、これでは体が休まるはずもなかった。

そんな夜にも松陰は重之助に古典の話を聞かせて、

「重之助、この詩は明王朝の故事でな。

我らと同様に志ある者が罪に問われて、このような唐丸籠で運ばれる時に、誇りを持って書いたものだ。我らも心に錦を着て、堂々と国許へ帰ろうではないか。」

と教えを続けた。

重之助も下田の狭い牢で弱気になって、師に諫められてからは、どんなに辛くとも泣き言は言わず、師に教えを乞うていた。体は弱っていくものの、重之助は松陰の言葉を噛み締めながら、心の中だけは胸を張って国許までの過酷な旅を終えようとしていた。

「生きて帰り着くだけでも奇跡だ。重之助、よう頑張った。」

と松陰は目を潤ませた。

元より死は恐れずに密航を企てたが、生きていればまだやることは沢山あるのだ。

野山獄・岩倉獄への非情な投獄

唐丸籠の松陰と重之助は、瀬戸内から山陰に入る最後の峠を越えて、やっと国許の萩へと辿り着いた。

重之助も三十日を超える過酷な唐丸籠での護送に耐えて、生きて国許に帰ることができた。

二人は幕府の判決が「在所にて蟄居謹慎」であるから、「実家に戻っての謹慎」だと思っていた。

つまり唐丸籠での護送こそが藩の罰であり、これで刑罰は終了だと考えていたのである。

松陰は、

「重之助、親元でしばらく養生すれば、すぐに回復するだろう。一日も早く元気になってくれよ。」

と励ました。

ところが国許では、重臣たちによって非情な投獄が決定されていたのである。

実家に帰るどころか、立ち寄ることもなく、松陰の唐丸籠は真っ直ぐに野山獄へ、重之助の唐丸籠は真っ直ぐに岩倉獄へと運ばれて行った。

野山獄と岩倉獄は、道を隔てただけのすぐ向かいにあるが、元々は野山六右衛門と岩倉孫兵衛の屋敷であった。酒に酔った岩倉が、向かいにあった野山の屋敷に斬り込んで野山の一家を惨殺した。

喧嘩両成敗で岩倉は斬首の上、両家ともに取り潰しとなった。

特に岩倉に非があるとして、岩倉の屋敷は身分の低い者の牢獄として使われ、野山の屋敷は身分の高い者の牢獄として使われていたのである。


師弟はついに別々の牢屋に引き離されて、もう声も言葉も届かなくなったのである。

「藩も誠に惨い仕打ちをする。これでは重之助を励ましてやることもできないではないか。何とか重之助だけでも家元に帰してやりたいものだ。」

と松陰は祈るような気持ちでいた。

慶親は二人の入牢の知らせを受け、

「何十日も唐丸籠に押し込められ、死ぬほど辛い目を見たであろうに。その上、親の顔を見せることもなく入牢か。

重臣たちも武士の情けを知らんものだ。どこまでも容赦なく、寅次郎を苛め抜くつもりか。何か考えてやらなければならんが、今は重臣との間に波風を立てる訳にもいかん。

何とも、もどかしいばかりだ。」

と涙を滲ませた。

そんな中、重之助の病状を心配した松陰は、奉行所勤務となっていた兄の梅太郎に手紙を出した。

「重之助は伝馬町入牢時より、すでに重い病に冒されており、このままではそう長くは持ちません。

私に弟子入りしたばかりに、このような辛い思いをさせてしまっています。

兄上から何とか藩庁に願い出をお願いできないでしょうか。

せめて親に会わせてやり、できれば親の看病を受けさせてもらいたい。

それが無理なら、せめて少しでも岩倉獄の待遇改善をお願いしたい。

藩士を想う愛があるのであれば、特段のご配慮を請願したい。」

と弟子に対する渾身の想いを綴った。

梅太郎の胸には寅次郎の弟子への想いが突き刺さり、すぐに藩庁に強く働きかけた。

幸いにも藩庁は岩倉獄の待遇改善をしてくれたため、重之助の療養は以前よりも少しはましになった。

この嘆願書のことが村田や慶親の耳に入っていたため、密かに慶親が手を回していたのである。

「たとえ罪人とは言え、元は我が藩の大切な藩士である。

この重い病状に特段の配慮をしてこそ武士の情けではないか。」

と藩庁に内々の指示をしていた。

この配慮ができたことに、慶親は寅次郎と語り合っていた仁政に、少しだけ近づけた気がしていた。

その反面、

「こんな程度のことでは、まだまだ仁には遠く及ばない。獄に繋がれた者に、慈悲を掛けることはできないものか。」

と一人ぼやいていた。

第六章　獄中教授こそ教育の真髄

重之助、無念の獄死

松陰の兄・梅太郎の嘆願が受け入れられて、岩倉獄の重之助は特別に親との面会が許され、病状に配慮されて医者の診察も受けた。療養のために、異例の待遇改善がなされたのである。

松陰は重之助を励ましたく、手紙をしたためた。

「人を冒す病は、国を害する賊と同じだ。
国が賊を討ち果たし、民を安泰にするように、重之助は病を治し身体を蘇生させて、気力を盛んにしろ。
国勢が増せば、天下に敵はいなくなる。旺盛な気力があれば、天下から災いは消えるのだ。
まず重之助のやるべきことは、その身の賊を討ち果たすという天命を知り、天命を果たすことだ。
ちょうど今は一年で一番寒い時、くれぐれも自愛してくれ。」

と書いた。

重之助は病床で涙しながら、幾度も幾度も師の手紙を読み返し、手紙の墨は何ヶ所も涙で滲んだ。

重之助は師と共に褌で括りつけた櫓を、必死で漕ぐ夢を何度も見た。

「先生、あと少しで黒船に着きます。アメリカに行けるのです。アメリカに。」

とうわ言を言いながら、日に日に弱っていった。

そして病状の回復もできないまま、安政二年の正月に獄中で二十五年という短い生涯を閉じた。

二日後に獄中の松陰に訃報が届けられたが、松陰は只々俯いて泣くことしかできなかった。

そして、重之助の死を悼む心情を綴った詩と、青雲の志を称える句を詠んだ。

「散るとても　香は留めたり　園の梅」

「梅の花が散ったとしても、香りはずっと漂い続けている。

重之助、お前は歴史に残る偉業に取り組んだのだ。

我々は国禁を犯して罪に問われたが、正しく生きようとしたことは、恥じ入ることは何もない。

我が身の問題である罪より、我が心の問題である恥の方が遥かに重いのだ。

次の人生では二人で実学を極め、もっと大きな仕事をしようではないか。」

と呟いた。


その後、この師弟愛と密航事件の本質を知る者は増えていった。

松陰は兄を通じて、重之助の墓前に「吉田氏寄付」と彫りこんだ花立てを贈り、いつも絶えることなく花が手向けられていた。長州藩士たちにも、松陰と重之助が起こした事件は単なる蛮勇でないことが広まり始め、誰彼となく献花していたのだ。

この大胆な行動に出た志を持つ、松陰の話を聞いてみたいと思う藩士が増えていた。江戸から遠く離れた長州にも、今の世の中の何かがおかしいと、多くの若者の心に問題意識が芽生え始めていたのである。

執念の六百十八冊、獄中読書

その頃の野山獄には大罪人を入れてはいなかったため、取り調べや処刑などはなく、比較的穏やかな日々であった。

また、松陰にとって幸いなことに、本や手紙や食物の差し入れなどは自由であった。

獄中の松陰には学問に取り組む時間はあったし、兄に頼めば依頼した通りに本が届いた。

思想書から歴史書・医学書に至るまで、松陰は一年三ヶ月の獄中生活で六百十八冊もの本を読破した。

松陰より四歳年下の司獄の福川犀乃助《ふくかわさいのすけ》から見れば、松陰の勉強ぶりは正気の沙汰とは思えなかった。

「そんなに一日中、本ばかり読んでおるとは、牢はあなたにとっては、ただの勉強部屋に過ぎないですな。牢屋の中でそれほど勉強して、一体何の役に立つというのですか。学問のし過ぎで体を壊してしまいますぞ。」

と初めは揶揄されていた。

松陰は、

「今、私は井戸を掘っているのですよ。井戸は水が出るまで掘らなければ、意味がないでしょう。学問とは、道を得るための井戸なのです。

たとえどんなに掘ったとしても、水が少ししか出ないのでは役には立ちません。学問も、どんなに深く掘ろうとも、どんなに苦労をしようとも、道を得なければ結局のところ意味をなさないのです。

夜には暗くなって、本が読めなくなります。

昼間の薄明かりの時間しか本も読めませんから、私には全然時間が足りないのです。」

と答えた。

「なるほど、そうですか。」

と福川は少し震えた声で言い残し、その場から立ち去った。

福川は逆に感心させられて、

「吉田寅次郎は天才だと、殿も高く買っていたと聞くが、生まれてこの方こんな凄い男は見たこともない。やはり噂通りあの黒船密航の話は、暴挙どころか身を捨てて国家の行く末を案じてのことだったのか。

お役目とは言え、この人に薄暗い牢で本を読ませるのは辛いな。彼の器に相応しい処遇とはないものかな。」

と寅次郎をからかった己を恥じた。

その後、福川は松陰の思想と教えに傾倒していくことになるのである。

浩然の気

「この身は獄中にあるが、獄中でできることは学問と手紙を書くことだけではない。こんな牢屋の中にいても、世の中のためになることはあるはず。」

と松陰は考え始めた。

「私以外の十一人の囚人は、聞くところによると三十六歳から七十五歳。短くても四年、長い人は四十八年も入っているという。

しかも本当に罪を犯した者は二人だけで、あとの九人は粗暴などの理由で、身内からの借牢願いで入牢させられている。座敷牢代わりに、身内が野山獄に押し込むとは全くもって酷い話だ。何年も牢に閉じ込められたままでは、返って性格も歪んでしまうだろう。人として立ち直りさえすれば、新しい人生も拓けるというものだ。何とか皆を外の世界で生きることができるようにしてやりたい。」

と考えたのである。

囚人たちは廊下を挟んでそれぞれ独房に入れられていた。

長年に亘り入牢していた彼らには、新入りで二十五歳という最年少の松陰の罪状は興味深かった。

松陰は、

「今の日本はアメリカ・ロシア・イギリスなどの異国の船に取り囲まれて、何とかしなければ異国に支配されてしまいます。

そのためには日本より遥かに進んだ学問や技術を持つ異国にこそ、学ばなければならないのです。

だから私はペリーの黒船に乗り込んで、アメリカで勉強しようと思ったのです。

たとえ失敗したとはいえ、このような猛きことを行う日本人が出てこないと、異国から国を守れないのです。」

と国難に対する想いを語った。

しかし、長年の牢生活の者たちは世情に疎く、何のことだかさっぱり理解できなかったため、

「若くして藩の兵学師範まで務めた者が、出世を棒に振るような馬鹿なことをしたものだ。

そんなに学問ができるのに、何でそんなへまをやらかすのか。学問もたいして役に立たんものだな。」

と口々に冷やかした。

ある日、松陰は唯一の女囚として入牢していた、一回り年上の高須久子に話しかけた。

「高須さんは三百石取りの立派なお家柄のお嬢様だそうですね。

婿養子のご主人が若くして亡くなったと聞きましたが、何でこんな酷い目に遭われたのですか。」

と問いかけた。

「夫の死後、私は寂しさを紛らわすために、三味線や琴に興じておりました。

芸のお仲間を屋敷に招き入れて、朝まで夢中になって稽古することもありました。

その中に差別されていた部落の男性もいたことから、不義密通の疑いを掛けられてしまいました。

部落民の男を屋敷に入れたことで、世間体が悪いと親戚から言われて、突然に借牢願いが出たのでございます。」

「跡取りのご養子が亡くなったといっても、元々は高須さんが跡取り娘のはず。

しかもお亡くなりになった後で不義密通の疑いとは、そんな酷い話がありましょうか。

私にはお身内が考えていることが理解できません。」

と言って、松陰は言葉を失った。

久子は、

「もうよいのです。

私は夫と共に死んだも同然なのに、自ら死ぬ勇気もなく、居場所はもうここしかないのです。

親戚も許す気はなさそうですし、同じ人間に生まれてきたのに部落差別というのは酷いものです。」

と諦め顔で言った。

久子の憂いに満ちた顔を見て、松陰の心は少しときめいた。

久子に対する憐れみだけでもなく、そもそも恋に落ちた経験もなく、何とも複雑な心情を味わった。

それは松陰が初めて異性に感じた僅かな心の動揺であったが、松陰の本分は思想追求であり、天下のために己を磨くことであったため、格子を挟んでの句を交わす以上のものには成り得なかったのである。

松陰は自らの生きる姿勢の根幹に、孟子の言う「浩然の気」を据えていた。

物事に捉われず、天地に恥じない道義にかなった行動で、己の中に強く大きな気を満たし、強い精神を持つことへのこだわりである。強い志を持ち続けるためには、決して気を無駄使いしてはならないのである。

松陰は己の気の弛みを許さないという、志一筋の精神を確立していた。

しかし久子は、一回りも年下の松陰の真面目で一途な性格に惹かれて、淡い恋心のような年の離れた弟を想うような気持ちを抱いていたのだ。

獄囚、生きる意味を取り戻す

その後、松陰は囚人たちに自分が見聞きした一つ一つの出来事とこれまでの経緯を、その場面が目に浮かぶような言い回しで、つぶさに語り続けた。

この松陰の根気強い話で、皆聞く耳を持ち始め、熱心に聞き入るようになっていった。

これまで遺憾なく英才ぶりを発揮してきた松陰だが、彼らを見下すようなことは決してなく常に丁寧な口調で話した。

そして、

「誰にも何か得意なことがあるものです。それぞれが得意なことの師匠となって、互いに教え合い、学び合うというのはいかがでしょうか。」

と提案を投げ掛けた。

松陰は、

「人というのは生まれつき善であると、孟子は性善説を説いています。

孟子は［仁義］の大切さを説いて、仁とは［大きな愛］であり［忠恕《ちゅうじょ》の心］で、つまり人としての真心と思いやりです。義とは人としての正しい道です。」

と熱心に孟子の講義を始めた。

富永という者は明倫館でも秀才と言われた男で、書を書くことに長けていたため、皆に書を教えて朱筆で添削をした。

皆、口々に
「なるほど、ここの筆の押さえが肝心か。ここをこう撥ねれば、いい字になるのだな。」

と感心しながら、自分の書に朱書が加えられて、返ってくるのを楽しみにするようになった。

また俳句に長けた吉村は生き生きとした俳句を教えて、時には牢内で句会を開くまでになっていった。

金子重之助を追悼する句会も開いた。高須久子もまた、短歌・俳句の知識が豊富であったため熱心に教え始めて、牢内で歌や句が飛び交うようになっていった。

教育とは「教えられて育つ」も「教えて育つ」もあるが、「共に育つ」という共育の概念が形成されていったのである。平戸での葉山左内の教えに大きな影響を受け、これは後の松下村塾でも実践されて、門下生を大いに成長させた松陰の教育姿勢であった。

皆、長い間牢の中に閉じ込められていて、生きる意義も希望も失いかけていたが、明らかに光明が差し込み始めて、顔の表情も声の色も発する言葉も変わっていった。

松陰は、

「人の生きる意味は、誰かに必要とされることだ。それが大それたことである必要などない。

誰もが生きる意味を持って、この世に生まれてきている。

今の自分にできることを、精一杯やっていくこともまた、素晴らしい実践論だ。

自分が生きている意義を実感してこそ、人は希望を持ち、前を向くことができるのだ。」

と、この牢内勉強会の意義をしみじみと実感していた。

そして日々、野山獄の中には活気が漲《みなぎ》っていった。

皆、獄中で生きる意味を知り、何年振り何十年振りに生気を取り戻していたのである。

司獄、囚人に弟子入り

野山獄は雰囲気も明るくなり、皆何事も煩《うるさ》く指示するまでもなくなり、態度もこれまでとは豹変していった。

この囚人たちの変わりように、司獄の福川犀乃助も驚かされた。

「今まで自分の役割は、[囚人たちの見張り役」としか思っていなかった。

しかし何と、人はこんなにも変われるものなのか。

皆、生まれ持った善を引き出せれば、外に出ても良い人生が送れるのであろう。」

と感激した。

そして福川自身も、松陰の孟子の講義を楽しみにするようになっていた。

一言も聞き漏らすまいと、いつも牢の片隅で筆と紙を持ちながら聞き入っていたのだ。

松陰は後に、この孟子講義を「講孟余話」という著作として残した。

松陰の講義が続くある日、福川はついに行動に出た。

突然、格子の向こう側で両手をついて、

「松陰先生、どうか私を弟子にしてください。」

と弟子の礼を取ったのである。

そしてすぐに福川は自分の弟も連れてきて、松陰に弟子入りさせた。

松陰は数年前に主君・慶親が弟子の礼を取ったことを懐かしく思い出しながら、

「万象是皆師也《ばんしょうこれみなしなり》という言葉があります。私以外も皆それぞれが何らかの師匠であるし、それは人だけでなく、世の中のあらゆる物事が師匠となって道を教えてくれます。学問に身分も地位も立場もありません。是非、福川さんもご一緒に、皆と共に学び合いましょう。」

と申し出を笑顔で快諾した。

こうして牢の格子を挟んで、師弟関係が生まれることになったのである。

福川は松陰の孟子の講義に、必ず弟も横に座らせて聞き続けた。

福川と松陰の間の格子は、心の中では消え去っていたのだ。

福川は、

「私も藩校・明倫館で学びもしたが、この野山獄こそ生まれて初めての本物の学び舎となった。」

と事あるごとに弟に語っていた。

司獄、行灯を灯す

野山獄の激変ぶりは藩主・慶親の耳にも入っていて、

「さすがは寅次郎、やはり我が師匠だ。牢の中でも実学を実践しておる。何十年も改心を見せなかった罪人までもが、寅次郎の教えを受ければ、こうも変われるものなのか。お前は今、罪人の身であっても、私はずっとお前の弟子だ。私も牢に忍び込んで、お前の講義を聞きたいものだ。主君が善政を行うことこそ、寅次郎の教え。そろそろ牢から出して、せめて自宅謹慎にしてやりたいものだが。」

と考えあぐねていた。


安政二年（一八五五年）、村田清風を尊敬する周布政之助《すふまさのすけ》が藩庁での政治を仕切っていた。周布はまだまだ藩政改革に村田の力を借りようとしたが、願いも虚しく村田は七十三歳で世を去った。

牢内で村田の死を知った寅次郎は、

「我が国にとって、実に大事な人を失って、残念でならない。私は心から清風翁を尊敬していた。」

と師への想いを漢詩に綴った。


そして、弟子で後に義弟となる楫取素彦《かとりもとひこ》らに、

「清風翁の功績を後に伝えるのみならず、藩の政治を取り仕切る者の心構えとして書いてほしい。」

と村田清風の伝記を書くように勧めた。

周布は、

「吉田寅次郎のことは、亡き村田様も心配されていたし、殿もお気になされておる。吉田のことで何かあれば、そっと殿のお耳にも入れるように。」

と藩庁内で働きかけていた。

そして、司獄の福川から藩庁に願いが出ていることを知った。

聞いてみれば、

「松陰先生のお部屋に行灯《あんどん》をつけて、夜も読書や執筆ができるようにしたい。」

という願い出である。

周布は、

「殿、司獄を務める福川から藩庁に願い出がありました。福川は吉田寅次郎のことを、松陰先生と呼ぶようになっておりまして、教えに心酔して、とうとう牢内で弟子になったそうです。

松陰先生のお部屋に行灯をつけて、夜も読書や執筆ができるようにしたいと申すのです。

司獄が罪人の弟子になろうとは聞いたこともございませんし、さすがに行灯まで灯すのはどうかと思います。」

と慶親に愚痴を言った。

慶親は、

「そうか、司獄もなかなか気の利く申し出をするではないか。」

と周布に言った。

しかし周布は、

「殿、行灯をつけれぱ、火災の恐れもございます。

このようなことは先例もなく、簡単に聞き入れることはできません。多少は考えてやりたいとは思っても、獄は獄でございますから。」

と拒んだ。

「それならば福川を一度厳しく叱りつけておいて、拒んでみせるのだ。その上で、吉田寅次郎は勉強ができんと言って、自殺し兼ねん男であるから、格子の前に明々と明かりを灯して、よう見張っておれ。と言うのではどうだ。

これはあくまでも、私の指示ではないぞ。お前の才覚の問題だからな。」

と強く示唆した。

周布は福川を呼び出して、

「司獄とあろう者が、火災の危険があるような申し出をするとは怪しからん。何かあったらどうするのか。そもそも、そんな先例などないであろうが。」

と予定通りに厳しく叱りつけた。

福川は、

「申し訳ありません。松陰先生は夜も薄暗くなるまで、読書や執筆をしておられまして。ついつい甘いことを申してしまいました。願い出は取り下げさせていただきます。」

と詫びた。

しかし周布は即座に、

「いや、ちょっと待てよ。暗くなってまで、そんなに勉強しておるのか。勉強ができんと言うて、落胆して死なれても困るではないか。よし、格子の前に行灯を灯して、牢の中が明々とよう見えるようにして、しっかり見張っておれ。」

と指示した。

殿の示唆とは知らない福川は、

「周布様は何と慈悲深いお方なのだ。これが松陰先生の言われた仁義というものだ。このようなお方が藩庁におられれば、藩の政治も上手くいくはず。」

と周布の広い心に感激した。

早速その日から松陰の牢の前に行灯が灯され、他の囚人たちも灯った行灯のお零《こぼ》れの薄明かりを喜んだ。

松陰は福川に、

「これで一日が二日分にも使えます。私にとって何よりの贈り物です。ありがとうございます。」

と感謝して、深々と頭を下げた。

「いえいえ松陰先生、これは差し入れではありませんよ。この行灯を灯すのは、あくまでも先生を見張るためですからね。」

と福川は満面の笑みで言った。

弟子である福川にとって、少しでも師匠のお役に立てたことが望外の喜びであり、また松陰もその気持ちに心震わせた。

二十一回猛士

松陰は野山獄に入牢してから、読書や著述だけでなく手紙もよく書いた。兄をはじめ妹の千代、江戸藩邸でかばってくれた来島良蔵、熊本の宮部鼎蔵、そして多くの同志たちにも手紙を送った。

野山獄からの手紙には、松陰という号より、「二十一回猛士」という号をよく使うようになった。

受け取った方も、これがどういう意味か理解できなかった。

兄の梅太郎から、

「最近は手紙の名に松陰とは書かずに、二十一回猛士と書いているが、一体これはどういう意味なのか。」

と手紙が届いた。

松陰は「二十一回猛士の説」と題して、兄に返信した。

「私は庚《かのえ》の寅の年に杉家に生まれ、六歳の時に吉田家を継ぎました。

そして、甲《きのえ》の寅の年に罪を犯し、投獄されました。

ある日、夢枕にお札《ふだ》を持った神が立っていて、そのお札を私に差し出したのです。

そこに二十一回猛士と書いてあったのです。

夢から覚めた私は意味を考えました。

杉の字を分解すると十と八と三になり、足すと二十一になります。

また、今の性である吉田を分解すると、吉が十と一と口、田が十と口、数を足せばまたも二十一となり、更に二つの口を合わせると回という字になります。

私は二十一という数字は、自分に与えられたものなのだと解釈しました。

更に猛士についても、寅次郎の寅は虎とも読むことができ、その特性は猛《たけ》きこと。私は心身ともに弱く、虎のような猛気を師としなければ本物の士とはなれない。私がこれまで猛を行ったのは、三度だけです。その三度とは、藩許を得ずに東北に行ったこと、浪人の身で慶親様に建白したこと、そして下田での黒船密航の国禁破りです。しかしまだ三回だけで、あと十八回も残っています。神の天意・天命ですから、私は一層志を堅くして、これから残り十八回の猛に備えなければならないのです。」

これを読んだ兄は、急いで返信して、

「二十一回猛士の説は面白いし、獄中で志を強くし、猛気を養えばよい。ただし、あと十八回もお前の猛気に当てられてはたまらん。我が一族に累が及ぶことだから、この二十一回猛士の意味は他言無用だぞ。それよりも、その猛気でもっと学問をして、多くの著述を人に読ませて、共感する弟子を増やしていく方がよいのではないか。」

と書いた。

これまで弟を信じ支えて、何より多くの忍耐を強いられてきた兄は、

「寅次郎、お前が志を貫き通すと、周りは大変なのだぞ。時々は親兄弟のことを顧みてくれよ。」

と呟いた。

一方の松陰は兄の忠告を有り難いと感じながらも、

「どんな犠牲があろうと、一切ぶれることのない高い志を持ち、胆力を養いながら必ず大義を果たす。私は天命に忠実に生きるのです。」

とますます意を強くしていった。

また、猛士は松陰の尊敬する孟子にも繋がり、

「あの夢枕の神は、もしや孟子であったのかも知れない。」

とも考えた。

後に松陰は、

「もし自分が死んだら、墓碑に［松陰二十一回猛士之墓］と彫ってほしい。」

と遺言している。

「経世済民」の実践

松陰たちの獄中勉強会は続き、福川の行灯差し入れのお陰で，並行して読書や著述も進んだ。牢内の雰囲気も明るくなり、牢人たちの言動も見違えるほど良くなった。

福川は事あるごとに、

「私も藩庁で獄の管理について随分褒められましたが、全て松陰先生のお陰です。」

と松陰に礼を言った。

松陰は福川に、

「皆、誰かの強制によって今の改心に至った訳ではないのです。

皆、自らの意志によって自らの生き方を決め、真っ当な人間になりました。人は人によって変えることはできないのです。己の意志以外では、変化も成長もできないのが人間というものです。人らしい人になるために、人は学問をするのです。変わったというより、学問によって元々の善人に戻れたということかも知れませんね。」

と答えた。

福川は、

「私は司獄という立場になってから、罪人を閉じ込め続けることや、厳しく当たり懲らしめること、力で捻じ伏せることばかり考えていました。あのままでは、この獄は永遠に変わらないままだったと思います。このところの私は、獄の管理とは何かについて、ずっと考え続けていました。先生のおっしゃるように、人間の本質というものを考えずに、ただ見張るだけの管理をするのであれば、投獄された人間を更生させることなど到底無理なことです。」

と反省した。

松陰は、

「投獄というのは、犯した罪に対する罰であることは確かです。しかし、もう一つの大きな目的があるのです。普通の社会生活ができる人間にして、世の中に送り返すということです。二度と牢に戻らなくていい人間にして、幸せを噛み締めることができれば、再犯というのも減りましょう。

これも中国古典の経世済民の実践の一つです。経世済民とは、世を経《おさ》め民を済《すく》う、ということです。全ての政治は民のためにある、これもまた武士道ということです。」

と説いた。

この松陰の教えに、

「司獄や看守という仕事の本質を初めて知りました。」

と福川はまた深い感銘を受けた。

儒学者・蘭学者などによる「経世済民論」も多かったが、松陰はそれが流行の学問という域を出ていないことに業を煮やしていた。

松陰は天下を治める幕府が、これを実学としているとは到底思えなかった。

「民の声は天の声ということと、天命とは何かについて本質を追えば答えは一つで、民のための善政を行うということだ。

幕府は天命を全うしていないし、幕府を倒そうとしている志士こそが、天命としてご政道を正そうとしているのだ。」

との答えに近づきつつあった。

更に松陰は、

「ペリーの来航によって、経世済民を行っていない幕府の実態はさらけ出された。

幕臣は善の心に、欲というものを纏《まと》わせているのだ。これこそが罪より重い恥というものだ。

ご政道を正すためなら、命を捨てても悔いはない。」

との想いを著作にしようと、一心不乱に執筆を続けた。

松陰は持てる力の全てを、日本という国に捧げることに何の迷いもなかった。

松陰、獄囚放免を実現させる

松陰の野山獄での獄中生活は、一年三ヶ月という時が経った。

その中で獄内の囚人たちの改心が著しいことは、松陰の功績であると藩庁でも高く評価されていた。

福川は周布に逐次報告を上げ、周布もまたそれを慶親に報告していた。

ある日、ちょうど慶親が周布を呼び出して、お茶を飲みながら藩政の報告を受けていた。

「殿、野山獄のことで、ちょっとご相談がございます。」

慶親が、

「どうしたのか。野山獄で何か問題でもあったのか。」

と問いかけた。

「いえいえ、その反対でございます。

このところ野山獄の囚人の改心が著しいことは、先般ご報告いたした通りでございます。

これは偏《ひとえ》に吉田寅次郎の功績です。

吉田には当初の幕府の［居所での蟄居］という判決より重い罰を与えてきましたが、投獄もすでに一年三ヶ月となりました。投獄も一年を超えましたし、この度の功績も評価いたし、そろそろ実家での謹慎ということにするのは、いかがでございましょうか。」

と慶親が喜ぶのを見透かして言った。

「うん、そうせい。それは良い判断じゃ。

これが仁政というものだな、周布よ。」

と慶親はいつもより弾んだ声で答えた。

周布は更に、

「それともう一つご相談ですが、他の牢人たちの中で改悛著しい者がおります。

寅次郎が牢を出てからも、改心が変わらないのであれば解き放ちたいと思います。

実は寅次郎は、自分はどうなってもいいから、他の牢人を釈放してやれと訴えているそうです。」

「そうか、寅次郎らしいな。寅次郎はとにかく仁義というものに、徹底的にこだわって生きているから、自分の身を捨ててでも他人を救うという気高い精神だ。

囚人たちが、寅次郎がいなくとも改心しているかどうか、年内よく観察させて、大丈夫そうであれば年明けにでも出してやれ。善人は獄で暮らすものではないからな。

うんうん、そうせい、そうせい。」

と慶親は上機嫌だった。


これによって松陰は、久しぶりの実家に帰ることになった。無罪放免ではなく、あくまで蟄居謹慎であるから、幽閉されることに違いはないが、居心地は牢とは天と地の違いである。

下田の牢から始まり、伝馬町牢屋敷、江戸藩邸内の牢、そして唐丸籠での長い護送、野山獄入牢と、振り返ってみると二年もの獄中からの解放であった。

しかし寅次郎は、

「自分はいつ再投獄となってもいいから、囚人たちを釈放すべきだ。」

と訴え続け、囚人の年齢と在獄期間と氏名を書いて請願した。

また、囚人たちの知り合いなどに宛てて、釈放の嘆願書を依頼する手紙を出し続けた。

「七十六歳在獄四十九年、大深虎之丞
四十八歳在獄十九年、弘中勝之進
四十三歳在獄十六年、三十八歳在獄九年、四十四歳在獄九年・・・」

と書き連ねた。高須久子は三十九歳在獄四年、高須氏寡婦と記された。

この在獄期間の長さは孟子の仁義の教えに反するものであり、松陰の釈然としない気持ちに火をつけたのである。

そして、ほどなく改心が認められた八人の囚人が放免となった。

しかし残念ながら、高須久子は親族の猛反対にあったため、放免は叶わなかった。

久子の親族は、生涯獄中で過ごさせるという頑なな姿勢であった。

周布は福川に、

「福川、これで野山獄もえらい暇になったな。野山獄が暇なのは平和の証だな。」

と言って笑った。

「いえいえ周布様、これからがもっと大変です。

何しろ松陰先生がいなくなりましたから、これからは私が残りの囚人たちを皆改心させせなければなりません。」

と福川が返し、周布は飲んでいたお茶を吹き出した。

第七章　人財育成、奇跡の塾

松下村塾 画像　（松陰神社所蔵）

「新生・松下村塾」最初の弟子

松陰の出獄の知らせを聞いた父・百合之助は、弟・玉木文之進に、

「あの寅次郎が、うちの三畳間でじっと大人しくしていることが、果たしてできるのであろうか。何か考えてやらなければ、幽閉のままでは気分はやはり獄中と変わらんだろうな。寅次郎の向学心と思想伝授の想いが満たせるならば、落ち着いていてくれるだろうが。」

と相談していた。

「兄上、寅次郎の獄中の孟子講義は、三十四回続いたらしいですな。それによって、囚人たちの改心が著しいとの評判です。今回の出獄は病気療養という建前にして、その功績を踏まえてのことのようです。残りの孟子講義も、まだまだ続きがありましょう。帰ってきてから、私たちや梅太郎や親戚の者が集まって、残りを聞かせてもらおうではないですか。身内、うち揃っての弟子入りですな。私が開いた松下村塾を、寅次郎に引き継がせてやってはいかがでしょうか。」

と文之進は提案した。

松陰の謹慎生活を案じる二人の顔には慈愛が満ちていた。

松下村塾は元々、叔父の玉木文之進が開いた私塾で、少年の頃の兄も松陰もここで学んだ。

松陰がこの松下村塾を引き継ぎ、指導した塾生の中から、幕末・維新・明治期の日本を主導した人材が多く輩出されたのである。

安政二年十二月、二年近くに及んだ松陰の牢や唐丸籠での拘禁生活は終わり、実家の杉家に身柄は移された。しかし、自由の身となった訳ではなく、あくまでも自宅での蟄居謹慎である。

松陰は、

「父上、母上、ご心配をお掛けしましたが、ただ今帰ってまいりました。まだ自由の身ではありませんが。」

と挨拶し、

「長い罰だったが、無事で何よりだ。さ、ゆっくりと休んで、疲れを癒しなさい。」

と父母は迎え入れた。

松陰は獄中から解放されて、父母の顔を見てほっとするのも束の間、早速読書や執筆に励み始めた。

母・瀧は、

「長い獄中で、さぞかし疲れもありましょう。何日かゆっくりしてはどうですか。」

と言ったが、

「父上と母上の顔を見て、疲れなど消え失せました。

私にはまだまだ学ぶことや、書き置くことがたくさんあります。

どうかご心配なさらず。好きなことをしていると、元気が出てくるものです。」

と松陰は晴れやかな顔で言った。

実家に戻って僅か二日後のこと、松陰のもとに父・兄・叔父・従兄弟たちが集って、

「私たちが今日から弟子入りすることにする。孟子講義の続きを話してくれ。牢内での講義は、今や評判となっているからな。孟子講義の書をまとめるにも、その方がやりやすいだろう。」

と申し入れた。

幼い頃、鬼のように厳しく指導した叔父の文之進が、

「私の松下村塾を引き継いで、塾頭として指導してくれ。元師匠の私も、元弟子の寅次郎に弟子入りだ。」

と笑った。

松陰は、

「承知いたしました。しっかりと務めさせていただきます。しかし、私が六歳で入門した時に、顔にとまった蚊を払っただけで、叔父上に部屋から引きずり出されてぶん殴られましたね。あの時は恐ろしゅうございました。」

と松陰も笑いながら答えた。

「しかし、あの時に叔父上が心を鬼にして、教えてくださらなければ、私は勉学を甘く見ていたかも知れませんね。お陰様で、ここまで勉学を修めることができました。」

と続けた。

叔父が、

「それは悪かった。ところで、もう恨んではいないだろうな。」

と言うと、兄・梅太郎が、

「念のために聞くが、お前はまさか俺たちを殴らんだろうな。孟子は聞きたいが、痛いのは御免だ。」

と言い、一同笑いの渦となった。

杉家には暖かい空気が流れて、松陰に引き継がれた松下村塾は身内の仁愛から始まったのである。

その後、松陰は父たちを相手に孟子講義を続けて、それを「講孟余話」として書き綴っていった。

門下生溢れる

松下村塾の噂を聞きつけ、次々と弟子入りの希望者が集まり始め、明倫館時代の弟子や農民や商人など、様々な者が教えを乞いにやって来た。

「松陰先生、お久しぶりです。明倫館ではお世話になりました。是非ともまた、引き続きご教授ください。」

「私は百姓で、藩校には入れてもらえませんでしたが、先生の塾には入れていただけると聞きまして。」

と弟子入りの希望者が後を絶たなかった。

松陰は、

「学問に身分も地位も関係ありません。門はいつでも開いています。共に学び合いましょう。」

と快く迎え入れた。

そして、日や時間毎に講義内容を定めて、その内容に合う塾生に通わせたのである。

当然、塾生の力量にも差があり、玉石混淆の感もあったが、松陰にとって大切なのは、入門を願う者の学びに対する情熱であった。

増え続ける塾生が三畳間に収まるはずもなく、次の間からも人が溢れるようになっていった。

松陰に教えを乞う若者たちは、密航を企ててまでアメリカに学ぼうとした志と実践力に心打たれていた。当時の儒教の丸覚えなどという勉学と違い、実学というものの懸け離れた魅力に、本物の学問に目覚めていった。激変の世に、何かをなさねばならないという意欲は盛んであったが、それを具体的に示してくれるのは藩校ではなく松下村塾であったのである。

松陰の塾生への一貫した姿勢は、

「去る者は追わず、来る者は拒まず。」

よりも一歩進んでいた。

「去る者の善は忘れず、来る者の悪は忘れる。極めて大らかに人の長所を見出して、それを育て上げていくが、離れていく者を咎めもしない。」

というものであった。

極めて寛容な落ち着いた言葉で、塾生一人一人の長所を見抜き伸ばし、短所にはその裏に隠れている長所を教えていったのである。

ある時、骨董屋の息子の溝三郎が入門してきたが、どうもダラダラしていて見所がない。

松陰は、

「お前はまだ十四歳だが、どんな志があってここに来たのか。」

と問うと、

「私は家業の骨董屋よりも、医者になりたいのです。

商人は金持ちにぺこぺこ頭を下げて、おべんちゃらばかり言うので嫌いなのです。」

と然したる根拠もなく言った。

すると松陰は、

「それなら医者にも向かないな。今時の医者は商人よりおべっかを使っているではないか。

お前の家業の骨董屋には、古い書が集まるだろう。

そんな恵まれた環境にいて、それを読みもせず他のことをやりたいというのはもったいないぞ。

集めた本で、お金を稼ぎながら勉強できるということに感謝して、商売と勉学を両立させるのが最も理に適《かな》ったことではないのか。

大きな志を持つのであれば、努力して商人の気風というものを変えるくらいのことを考えてみろ。」

と諭して言った。

「私は自分の足元も見ずに、背伸びばかりをしていました。

先生のおっしゃる通り、まずは今の自分の置かれた立場で精一杯の努力をしてみます。」

と溝三郎は感激して答えた。


松下村塾では授業料は取らなかったが、時々は少々の金を持って来る者、差し入れを持って来る者、幕府や他藩の情報を持って来る者などいて、穏やかな中にも塾の活気は漲《みなぎ》っていった。

父も兄もすでに無役ではなくなっていたが、決してまだ裕福とは言えなかった。

しかし松陰は飯時になると、必ず皆にあり合わせの食事を振舞った。これは九州の平戸で、葉山左内からあり合わせの食事でもてなされた、自然体の姿勢に強い感動を覚えたからであった。

松陰の指導者としての模範は、葉山左内の人格そのものであったのだ。

粗食でもいいから、できるだけ量多く出して、歓談するのが獄を出た実感ともなっていたし、時には母の瀧が年長者には酒を振舞うこともあった。

決して豊かとは言えない暮らしの中での、松陰の指導者としての振舞いは、塾生たちにとっては感動の一語に尽きるものであった。

「自分も松陰先生のような気高い人物になりたい。」

と思わずにはおれないのであった。

志の集大成「講孟余話」

「人はなぜ学ばなければならないのか。」

という基軸となる考えから、

「西洋の技術が日本で活かされる理由。」

など、抽象論や精神論に留まらない松陰の教えは、門下生の心に染み込んでいった。

門下生たちは、松陰の実学思想を聞けば聞くほど深く感銘していた。

しかも松陰の指導法は、一方通行で話を聞かせるものではなかった。

人に合わせて議論を進める対話形式を中心にすることで、長所の把握や理解度の確認もできたため、丁寧に教えを授けていったのである。

初めは徳川幕府の絶対権力や家臣が主君に絶対的服従をすることなど、妄信していた者も多かったが、松陰の言葉は塾生たちの既成概念を剥がし続けていった。

松陰は、

「道理や正義を君主に説いても、それを受け入れるどころか、諫言を不届きとして殺されることさえあります。たとえ一命を落とそうとも、罪人にされようとも、それを恐れて諫言しないことこそ、天に対する不忠というものです。それを罪より重い恥と言う。

大事なことは徳川幕府を守ることより、この日本国をどうやって守るかを考え実践することなのです。

本物の志には、必ず継承者が出てきて、やがて必ず新しい時代がやってくることは、古来、歴史が証明しています。

太古の昔から正しい思想と高い志によって、世の中は正しい道と次の世へと導かれてきたのです。

もう徳川幕府を妄信してはならないのです。」

と一点の曇りもないその信念を説き続けたのである。

野山獄から始まった孟子講義は、約一年の月日を経て「講孟余話」としてまとめられた。

松陰の心中には、

「まだまだ完成したとは言い切れないが、これでまずはこの志を伝える書ができた。

この先、仮に私の命がなくなろうとも、この書を深く読み込んで、己を練磨し実践してくれる者がいるだろう。

至誠・真心を持って事に当たれば、人は必ず心動かされて、どんな難局でも乗り切れるものだ。」

と感慨深いものがあった。

「講孟余話」は孟子研究の集大成であるが、松陰の中で咀嚼《そしゃく》を繰り返されたことで、松陰の人生哲学・国家論・教育論・政治論・外交論など、一貫した思想・志の集大成となった。

門下生以外にも多くの若者が「講孟余話」に学び、多大な影響を受けて幕末から明治維新に向けて奮闘したのである。

松陰は孔子・孟子・王陽明など、多くの聖人の書に学んだが、徹底的に深い洞察をして、決して妄信することはなかった。その時代背景を考えながら、決して鵜呑みにはせず健全に批判しようとした。

完全なものは存在しないという前提で、二十九年の人生で数千冊の本を読み、要点を書き記して思索を重ねたのである。

松陰は、

「できれば聖人たちをこの世に蘇らせて、最高の思想とは何かを議論したい。」

とまで考えていたのである。

魂を擦り合う大論争

松陰は謙虚に「講孟余話」に対する意見を聞きたいと思い、明倫館学頭の山縣太華《やまがたたいか》に送って意見を求めた。

山縣は明倫館教授時代の大先輩でもあり、すでに七十歳を超える大御所の朱子学者であった。

しかし、幕府が寛政異学の禁を発していたため、孟子や陽明学を礎にする松陰の考えと、武家政治の基礎理念とされた朱子学者の山縣とは相容れなかった。

いずれも根本は孔子の儒学に始まったものであるが、朱子学者としての山縣は幕府を尊敬して守るという立場を取っていたのである。

この根本的な立場の違いから、論争は続いた。

しかし皮肉なことに、後にこの朱子学は天皇を中心とした国づくりをするべきという尊皇論を強めることになった。天下とは幕府ではなく、日本国であるという本質論が朱子学をも変容させていったのである。

この尊皇運動が後の倒幕運動につながり、明治維新へと突き進むことになるのである。


他にも本願寺派妙円寺住職の月性《げっしょう》という僧とも、松陰は投獄中から文通で論争をしていた。

月性は僧侶でありながら、国防の不備を憂い海防僧と呼ばれ、過激な「討幕論」を主張していた。

月性は国禁を犯してまで海外への密航を企てた松陰に対して、同じ志を持つ者として高く評価していた。

しかしまだ、幕府に諫言するという「諫幕論」の立場を取っていた松陰と、月性の「討幕論」は相容れず論争が続けられた。

「海外列強から国が脅かされている時に、内戦などやっている場合ではありません。今は挙国一致で外敵と向き合わなければならない時です。」

と松陰は訴え続けた。

その後月性は西本願寺に招かれて上洛したが、安政五年五月に四十二歳で世を去った。月性は病死したとされていたが、過激な「討幕論」を主張し続けたため、何者かに毒を盛られて大量の血を吐いての急死であった。


ペリー来航以来の大混乱の日本国において、憂国の士は多くいる。

松陰は勤皇僧と呼ばれた宇都宮黙霖《もくりん》とも、数十通の手紙での大論争を繰り返したが、ただの喧嘩ではない。黙霖は松陰の力量を認めた上で、「諫幕」は手ぬるく「討幕」に考えを改めるべきだと主張した。

一方で松陰は、

「互いの心を尊重して交際するのが、心の友というものです。それぞれの志を無理に変えても、変えられてもいけません。力の限り、道を求めて論じ合いましょう。」

と互いの考えをぶつけあいながら、魂の磨き合いを喜ぶという側面もあった。

「諫幕」「討幕」「尊皇」「攘夷」と立ち位置の違いから、まるで野犬が咬み合うかのうに、手紙での言葉の応酬は激しかった。松陰と黙霖は互いに激しく論争し、互いに影響を与え合った。

しかし、最終的に松陰は、

「私は至誠を尽くして幕府に諫言していきます。もしも、この首を刎ねられたとしても悔いのないように、私の志を継ぐ者を残していきます。あなただから、偽りなく私の信念を申し上げますが、口先だけでなく、私が日本国のために信念を貫いて死んでいくところを、どうかしっかりと見ていていただきたい。」

と書いた。

黙霖は、

「この男、本気で幕府に物申し、死んで弟子たちの志を堅くさせようというのか。」

と涙しながら読んだ。

松陰は松下村塾の多くの門弟を志士として育てた後、言行一致で幕府に諫言して斬首となったのである。

黙霖は幕府批判の罪で何度も入出獄を繰り返しながらも、明治三十年まで生き長らえて七十四歳で没した。

ハリスの強引な総領事就任

「諫幕」「討幕」「尊皇」「攘夷」と、日本では論争が続いていた。

しかし、国際情勢は何の前触れもなく激しく流転していた。

安政三年七月にタウンゼント・ハリスが、アメリカ総領事として突然下田の海にやってきた。

幕臣は、

「事前の了解なく駐日しようとは、条約違反だ。

幕府との合意などないであろう。」

と憤慨し、退去を求めた。

しかし、これは日米和親条約第十一条の駐在条項の和文と英文の解釈の違いだった。

幕府側の解釈は
「両国政府でやむを得ない事情があれば、アメリカ側が下田に駐留することもある。」

という話し合いでの合意を前提としていた。

ところがアメリカ側は、

「調印後十八ヶ月過ぎれば、いつでも駐留できる。」

という全く違った解釈だったのである。

下田奉行所は折衝に苦慮したが、ハリスに押し切られて、ついに下田の玉泉寺にアメリカ領事館を構えることとなった。

幕府としては、あくまでも仮宿舎という建前にしていたが、ハリスはオランダ語通訳のヒュースケンと中国人の使用人五人を連れて上陸してきた。

ハリスはすぐに旗を掲揚し、玉泉寺に領事館ができたことを知らしめて、

「私は初代駐日総領事である。大統領親書を幕府に提出したい。そのために江戸出府を望む。」

と強硬に主張した。

ハリスの本音は、日米和親条約を日米修好通商条約に進展させることであった。つまり、薪や水の補給程度の和親条約に留めず、本格的な日米貿易に踏み込むことが今回の来日の目的であったのだ。

幕府の姑息な色仕掛け

幕府はペリーに散々手を焼いたのに、今度はハリスに押され続けていた。

そんな時、ハリスが体調を崩し幕府に看護婦派遣の要請があった。

下田奉行所は、

「何としてもハリスの江戸入りを阻止するように。」

と幕府からの厳命を受けていたため、ハリスの体調不良を絶好の機会と捉えた。

ハリスの看護という役割の白羽の矢が当たったのは、看護婦ではなく下田の芸者のお吉とお福であった。

下田奉行所が考えたのは、お吉をハリスの妾《めかけ》にして、お福はヒュースケンの妾にするという姑息な色仕掛けだったのである。

しかも奉行所は、

「もしも妊娠したら、すぐに奉行所に届け出ろ。」

と命じた。

つまり、すぐに堕胎の処置をするという、混血児を生ませないための非人道的なものであった。奉行所はこの条件を飲ませるために、先に二人に大金の手当てを与えていたのである。

幕府にとって二人の娘の人権など知ったことではなかった。

ただハリスの江戸出府を止められさえすれば、それでよかったのだ。

ところが、いつものことながら、またも幕府には誤算があった。

ヒュースケンはお福が通ってくるのを喜んでいたが、ハリスは幕府の企みに気づいてお吉を追い帰した。後に分かることであるが、敬虔なプロテスタントだったハリスは、生涯独身・生涯童貞を貫いた人であった。

しかも、本格的な日米貿易開始という大義を持って、はるばる日本にまでやってきたハリスである。ハリスが色仕掛けに引っかかって、下田から動けなくなるという目論見は、いかにも稚拙な幕府の愚策であった。

諫幕論を捨て討幕論へ

ハリスは江戸出府をより強硬に要請し続けていたが、下田に新たにアメリカの軍艦ポーツマス号が入港してきた。

すると幕府は、ハリスがこの軍艦で江戸へ回航するのではないかと恐れた。

脅されれば譲歩を続けるのが、その頃の幕府重臣たちの偽らざる姿であった。

アメリカの軍事力の前には、幕臣たちにはただ恐怖感と保身しかなかった。

開戦して幕府が滅ぼされることを、どうやって回避するかで頭が一杯だったのだ。

そのため幕府は、すぐにハリスの江戸城への登城と、将軍との謁見を許可したのである。

軍艦ポーツマス号で江戸に乗り込まれては、幕府の弱腰が目立つため、ハリス・ヒュースケンらの一行に、下田から陸路で江戸に入るように要請した。

登城の日取りが決められ、ハリスは十三代将軍・徳川家定に謁見して大統領親書を読み上げた。

ハリスは謁見の様子を、

「謁見の際の将軍・家定は、発言する前に頭を後に反らして、足を踏み鳴らした。この行動は何かの病の症状であろう。」

と日記に記した。

しかし反面、家定は、

「遥か遠方よりの使節が書簡を届け、その厚情に深く感じ入り、満足至極である。両国の親交は幾久しく続くであろうことを、合衆国プレジデントにしっかりと伝えてほしい。」

と将軍らしい威厳ある振舞いも見せた。

家定の将軍としての器量から考えれば、この台詞だけを繰り返し練習していたのであろう。

その後、安政五年に大老となった井伊直弼が、朝廷の勅許無しで通商条約締結に踏み切ってしまい、日米修好通商条約が締結された。開国の扉は大きく開かれていき、日本の危機的状況はより重篤なものとなっていったのである。

またその頃、中国はイギリス船籍を名乗る中国船アロー号に臨検を行い、中国人船員十二名を拘束し、うち三人を海賊の容疑で逮捕した。

広州領事ハリー・パークスは激怒して、

「官憲がイギリスの国旗を引き摺り下ろした事は、イギリスに対する侮辱である。」

と強く抗議した。

このアロー号事件は、イギリスや同調するフランスが、中国との戦争に持ち込むための、格好の理由となったのである。そして中国はまたもや厳しい不平等条約である天津条約を締結させられていた。

アジア諸国は西洋各国に侵略を続けられていたことから、事情を知る者には、

「次は必ず日本がやられる。」

との確信があった。

この情勢を知った松陰は止む無く、

「もはや幕府に日本の国は守れない。もう諫幕という道は捨てて、討幕の道を進まざるを得ない。」

と考え方を変えていった。

ついに月性や黙霖が強く主張していた「討幕論」いう結論に至ったのである。

しかし、松陰が最後まで討幕に走らず、諫幕の姿勢を取り続けたのは、日本にとっての最適な方策を模索し、短慮を避けたかったからである。

「この大事な時に、日本が内戦になることは、海外列強の思う壺になる。」

と憂慮していたからで、熟慮に熟慮を重ねていたのである。

志は必ず引き継がれる

藩庁では幽閉の身である松陰が、松下村塾を主宰していることは分かっていたが、

「殿のお耳にも入れたが、学問を教えているのだから黙認してやれと、殿もおっしゃっている。」

と黙認することにした。

慶親から藩庁の周布に、内々に黙認の指示が出されていたのである。

藩庁は気を利かして、

「殿のご意向であれば、黙認ではなく正式に松下村塾に私塾としての許可を与えよう。」

と松下村塾は正式に認められることになった。

身分制度にこだわる藩校には、士分以外の入門は許されず、士農工商の教育には大きな差別が存在した。

半士半農の生活から弱冠九歳で明倫館の兵学教授になった松陰は、人材教育と人材活用を訴え、身分を問わない教育が理想であると働きかけていた。

しかし、封建社会においては、差別こそが既得権の証であるという特性を持つ。

重臣たちの、

「明倫館に一般人を入れるべきではない。」

という意見には慶親も、

「そうせい。」

としか答えられなかった。

たとえ藩主であろうとも、独断で意思決定はできなかったのである。

武士階級以外から、優秀な人材が出てきては困るという考えでは、広く優秀な人材を創るということは到底難しい。しかも士分といえども、上士と下士ではまた待遇に差があり、身分を超えて能力を評価することは滅多になかったのである。

「松下村塾の門を叩く者は、どのような身分の者でも全て受け入れる。これが私塾の持つ価値なのだ。」

と松陰は理想教育に向かって、一歩踏み出したのである。

慶親が私塾を認めさせたのも、武士以外の階級にも広く教育を施し、多くの人材を生み出したいと考えていたからである。これが幕末の人材登用に活かされることになるのである。

朝から子供たちが読み書きを習いにやってきて、夜は政治思想や時局の話を聞きに若者が集まる。

松陰には弟子たちの中から、世に貢献する人材が現れることに確信があり、

「この萩の地が発展する時には、必ずこの松本村から始まると私は信じる。人はどうあるべきか、世のため人のために何をすべきか。それを追求するのが学問である。」

と言った。

志を継ぐ志士の卵は着実に増えていて、孵化の時を待っていたのである。

松下村塾の双璧　久坂玄瑞

有能な弟子たちの中でも久坂玄瑞と高杉晋作は特に秀逸で、「松下村塾の双璧」と並び称された。

久坂は藩医の家に生まれ、父と兄が早逝したため十五歳で家督を継いだが、医者になりたくはなかった。

久坂は九州に遊学した際、熊本で宮部鼎蔵を訪ねて、吉田松陰に学べと強く勧められていた。また、亡き兄の旧友であり、松陰と大論争をした月性上人からも同様に勧められていた。明倫館でも秀才との評価があったが、ペリー来航などの世情の変化に憤って、松陰に手紙を出した。

「無礼な外国の使節は、斬り捨てるべきです。もしアメリカが襲ってくれれば、武士の緩みも覚醒し、期せずして国防も厳重になるであろうと考えます。」

と久坂は攘夷の主張を手紙に記した。

しかし松陰は久坂の手紙の欄外に酷評を記し、そのまま送り返した。

「あなたの論は浮ついており、思慮も浅いし粗暴です。それは至誠によって発する言葉ではありません。時世を憂うふりをしたり、見せかけの正義で利益や名誉を得ようという人がいますが、あなたもそんな人ですか。ただの憤りで、やりもしない大言壮語を正義感と取り違えてはいけません。私はそのような人を最も軽蔑するのです。そのような意見は有害且つ無益という他ないでしょう。」

と諭し続けた。

しかし、久坂は引き下がろうとはせず、松陰に何度も激しく喰らいつき続けた。

幾度かの激しい論戦の後、松陰は、

「あなたの言うことを空論と思っていたのは、私の間違いだったようです。私の才覚はあなたに到底及ばないのかも知れないと思います。本気で実行すると言うのであれば、是非アメリカ使節を斬り殺してほしい。

私も初めはペリーを斬ろうとも考えましたが、その無意味さに気づいて、逆にアメリカに学ぼうと密航を企てて失敗しました。いかに命懸けでも、成功するとは限らないものです。もしも、あなたが私のような失敗はしないというのであれば、アメリカ使節を必ず斬り殺して、その大きな志を実行するべきだと考えます。もし、それができないのであれば、私はあなたを一層非難することになるだろうと思います。」
と突き放して返信した。

これまで外敵に対していきり立っていた久坂だったが、松陰からの最後の手紙に我に返り愕然とした。
「私にはアメリカ使節を斬り殺すことも、世の中を変える力も手立てもない。自分でできもしない空理空論を弄んだに過ぎないではないか。一人で憤慨していた私が間違っていたのだ。こんな恥ずかしいことはない。」
と両拳を握りしめた。

自分の口から発した言葉は有言実行が前提であるし、命を捨ててでも勇猛に突き進むべきという教えは、久坂に松下村塾入門を決意させたのである。

松陰は常日頃、大変温厚な人物であったが、大義と正義のためなら、同志に平然と「死ね。」と言うこともあった。外目には柔らかく見えるが、内は剛であり猛であったことが、若き久坂には堪らなく魅力的であったのだ。

松陰は初め、久坂に厳しく当たり続けたが、実は大きく評価していた。だからこそ久坂を紹介した友人の土屋へ宛てた野山獄からの手紙には、

「久坂玄瑞の士気は平凡ではないですよ。私は何とか彼を大成させたい、との思いから突き放しました。これで激昂して反論する勢いがあれば本望だと思います。もしも上辺を繕って、受け入れたふりをするような者ならば、私の見込み違いであったというしかないでしょう。」

と久坂の将来に期待を込めていたのである。

松陰は久坂を長州一の俊才と高く評価して、久坂が十八歳の時、妹の文《ふみ》と結婚させ、その後は共に暮らした。

松陰刑死後の久坂は、松下村塾生を中心とした長州志士の結束を深めるため、高杉晋作・桂小五郎・伊藤博文・山縣有朋ら二十四名と一灯銭申合《いっとうせんもうしあわせ》を議定した。

この決議は松陰の著書「講孟余話」の写本を製作し、それを売って尊皇攘夷運動に必要な資金を集めるというもので、教えを広める意味でも資金集めとしても理にかなっていたのである。

久坂は各藩の志士たちと活発に交流し、特に長州・薩摩・水戸・土佐の四藩による尊攘派同盟の結成に向けて尽力し、尊皇攘夷・反幕運動の中心人物となっていった。

その後の久坂は、佐久間象山を訪ねて海外貿易を論じ合い、坂本龍馬や薩摩の西郷隆盛、土佐の吉村寅太郎、久留米・筑前の志士たちとも謀議を重ねた。

また、藩主への建白書に松陰の名誉回復や遺骸の改葬など、他にもその後の長州藩の政策を変更する内容を具申した。

これを読んだ慶親は、

「さすがは寅次郎の一番弟子だ。寅次郎の墓も若林村の藩別邸に改葬しよう。

我が藩は航海遠略策を捨てて、尊皇攘夷に変更する。これを長州藩の藩論とする。」

と受け入れたのである。

航海遠略策とは、広く世界に積極的に通商航海して国力をつけていき、その上で諸外国に対抗しようとする「大攘夷」思想に通じる考えであったが、実行の具体性に欠けていた。

その頃の政治は尊皇攘夷に大きく舵を切り始めていたのであった。

久坂は「禁門の変」で長州兵総崩れの中、二十五歳にして自害して果てた。

松下村塾の双璧　高杉晋作

「松下村塾の双璧」のもう一人は、柳生新陰流剣術の免許皆伝でもあり、勇猛果敢な男、高杉晋作であった。

幼い頃から暴れん坊で、藩士の父・高杉小忠太も手を焼いたが、とにかく剣術だけには励んでいたため、柳生新陰流の免許皆伝は学業よりも早く修めていったのである。

藩校の明倫館に入学後、学問もできたが古典の暗記などに飽き飽きしていたため、剣術や酒や女遊びばかりに熱心だった。

松下村塾の噂を聞きつけ、入門後すぐに松陰の実践論の教えに心酔して、

「明倫館ではなく、これこそが本物の学問というものだ。」

と本気で学ぶ気になっていった。

ところが、高杉は二百石取りの後継ぎという立場であったため、父から、

「危険思想を持つ罪人の塾に通うなど、もっての外である。」

と厳に戒められていた。

そのため高杉は夜遊びに行くふりをして、父の目を盗んで通い続けた。

高杉の父は、

「吉田の危険思想に感化されるよりは、酒と女遊びの方がまだましというものだ。」

と高杉の夜遊び癖を渋々ながら容認していたのである。

松陰はすぐに高杉の資質と負けん気の強い性格を見抜いて、意図的に久坂玄瑞と競わせ、初めはわざと久坂ばかりを褒めて高杉を発奮させていた。

久坂と高杉は大いに競い合い力をつけていったが、ただ対抗するのではなく、学び合い認め合う関係となった。

久坂が、

「高杉晋作の見識には、自分はとても及ばない。」

と言えば、高杉が、

「久坂玄瑞には当世無比の才覚がある。」

と言い、互いに称賛し合った。

周りからも「識の高杉、才の久坂」と並び称された。

松陰に、

「十年後に何か事をなす時には、必ず晋作の意見を聞く。晋作はそれほどの人材である。」と言わせたほどである。

後年、下関戦争惨敗から高杉は奇兵隊など諸隊を創設し、長州藩を倒幕に方向付けた。藩主・慶親も高杉の実行力を頼りにしていた。

第二次長州征伐では、高杉は長州藩の海軍総督として戦闘指揮を執った。周防大島沖で幕府艦隊を夜襲で退け、奇兵隊・報国隊を門司・田ノ浦に上陸させて、幕府軍を敗走させた。幕府に討ち勝つという快挙によって、高杉は討幕の勇として名を上げた。

しかし、高杉もまた二十九歳という若さで、肺結核で世を去った。

奇跡の人材育成塾の顔ぶれ

久坂玄瑞・高杉晋作の二人に、吉田稔麿《としまろ》・入江杉蔵を加えて、松下村塾の四天王とも言われたが、その他にも伊藤博文・山縣有朋・品川弥二郎・山田顕義・野村靖・松本鼎・岡部富太郎・正木退蔵ら、幕末を生き延び明治新政府で活躍した塾生が新しい国を牽引していった。

私塾でありながら、短期間にこれほど多くの人材を輩出したのであるから、吉田松陰の指導力は他に類例を見ないものである。

松陰が高杉晋作のみならず塾生全員を急成長させたのは、その教えもさることながら、自らも真っ向から向かい合い、個別に長所を引き出しながらの議論をするという姿勢にあった。

学問は正義を行うための実践の土台として、自ら議論の中に入って、塾生それぞれの長所に照準を当てていく長所進展法が最も塾生の成長速度を高める方法だったのである。

「できもしないことを言い触れるよりも、今の自分の立場を踏まえて能力を最大限に発揮して、できることを徹底的にやり抜く。」

という教えである。


安政四年十一月、塾生は五十名ほどに増えていたため、杉家の部屋では収まり切れなくなった。

敷地内の瓦葺き平屋建ての納屋を修復して、松下村塾は独立した八畳間を塾舎とした。

しかし、それでもあまりに狭く、翌年三月に塾生の中谷正亮《しょうすけ》が設計し、更に十畳半を増築した。

松陰は塾生との共同作業を大いに楽しみ、材木や土運びや壁塗りなど、和気あいあいと工事は進められた。

作業に不慣れな者も多く、梯子の上から壁土を松陰の顔面に落としてしまうこともあった。

松陰は、顔が泥だらけになっても、

「お前は下手くそだなあ。」

と大らかに笑い飛ばした。

「塾生皆で新しい塾舎を造っていくとは、こんな愉快なことはないな。」

とこの楽しい時を噛み締めていた。

塾生たちにとって、松陰の一挙手一投足、言動の全てが教えとなっていたのである。

弟子の品川弥二郎は明治政府の内務大臣となった後も、

「あれは松下村塾に入門した翌年だから、私はまだ十五歳だったな。

慣れない増築作業中で、梯子の上から泥を落としてしまってな。

それが師匠の顔にまさかの直撃だよ。

私が真っ青になっていたら、松陰先生は私に下手くそと言って、気にもなさらずに笑い飛ばされた。

いやあ、松陰先生と一緒にやった壁塗りが懐かしいな。」

と終生の思い出話にしたという。

松陰の教えにも、その人間性にも惚れ込んでいたのである。

松下村塾門下の多くが松陰の様に道半ばにして若い命を落とし、死して幕末維新の革命に身を捧げた。

一方、品川弥二郎のように幕末を生き延びて、明治の世に貢献したものも多い。

伊藤博文は貧農の出であったが、父が足軽の養子となり、維新の直前に武士となった。

低い身分の出身だったが、松陰の推薦で長州藩の京都派遣に随行するなど、活動の幅を広げていった。

来原良蔵や来原の義兄の桂小五郎（後の木戸孝允）の従者となり、長州藩の江戸屋敷に移り住んだ。

その後、伊藤はイギリス留学などを経て、明治新政府の様々な要職を歴任し、日本の初代内閣総理大臣となったのである。以後、伊藤は四度に亘って内閣総理大臣を務めた。

また、山縣有朋は第一次伊藤内閣の内務大臣を務めて、第三代内閣総理大臣に就任した。松下村塾の在塾期間は短かったが、松陰から大きな影響を受けたと、生涯「松陰先生門下生」と自らを称し続けた。

山田顕義は第一次伊藤内閣初の司法大臣に就任、入江杉蔵の弟・野村靖は第二次伊藤内閣の内務大臣、第二次松方内閣の逓信大臣に就任した。

野村は伝馬町牢屋敷で吉田松陰と同囚であった牢名主の沼崎吉五郎から、松陰に託された遺書・留魂録の正本を受け取り、萩の松陰神社に奉納した。

門下生の代表で、師の遺言であり絶筆となった留魂録の正本を受け取ったことは、野村にとって誇らしくもあり、また恐れ多さに身を震わせた。

他にも官僚・外交官など多くの人材が輩出されたのであるから、松下村塾は奇跡の人材育成塾という伝説になったのである。

老中・堀田の大誤算

幕府はハリスへの対応に手こずり、諸大名と協議したが、いずれも火中の栗は拾いたくなかった。

どちらも責任を誰かに擦《なす》り付けたい、という保身に満ちていた。

そこで考え出したのが、「朝廷の勅許」を受けるということであった。

朝廷・天皇の命ともなれば、鎖国や尊皇の勢力も封じ込めることができると考えたのだ。

老中の阿部正弘が急死して、老中首座は佐倉藩主の堀田正睦《まさよし》に代わっていたが、堀田は西洋に対する関心が高く、密かな開国論者でもあった。

長年の武家政治によって、朝廷は幕府の言いなりであったため、堀田は「朝廷の勅許」を受けることを楽観していた。

安政五年一月、堀田は京都に向かいながら、「朝廷なんぞ、顔さえ立てておけば幕府の言いなりだろう。公家たちも袖の下には弱いし、少し金を握らせれば何も問題はないだろう。」

と考えていた。

そのためハリスには、

「三月まで待ってくれれば、天皇の許しを得て条約締結ができる。」

と締結を確約して旅立ったのである。


京都入りした堀田は早速朝廷に奏上したのであるが、朝廷内には異国を受け入れるどころか、

「神国日本に、けだものを入れてはならん。」

と頑なであった。

特に、時の孝明天皇の異人嫌いは酷く、

「自分の代で異人と付き合うなど、末代までの恥である。

御三家・諸大名と、もう一度よく協議した上で再度奏上せよ。」

というものであった。

堀田は、

「これはどう手を尽くしても、どうにもならない。」

と落胆して江戸に帰った。

これによって朝廷は権威を取り戻せたと喜び、尊皇攘夷派は勢いづいていった。

大老・井伊直弼の暗躍

朝廷工作に失敗し、孝明天皇の条約勅許を得られないという失意の中、老中・堀田正睦が江戸に戻ってきた。

何の収穫もない手ぶらでの江戸へ帰る道すがら、堀田は必死で善後策を考えた。

「もはや朝廷工作は、自分の手には負えない。

それが可能なのは、英才で朝廷との交流もある越前福井藩主の松平春嶽であろう。

老中首座である自分が進言して、将軍・家定様の継嗣は一橋慶喜を推し、松平春嶽を大老に推そう。

朝廷も一橋贔屓《びいき》であるから、頑な態度を軟化させて、条約調印に賛成するであろう。

これで条約勅許の問題を片付けなければ、すでに約束の期限も過ぎておるから、ハリスを本気で怒らせてしまう。」

と危惧した。

早速、堀田は将軍・家定に謁見して、

「京都では孝明天皇も朝廷も、アメリカとの条約締結には強硬に反対されております。

この状況を打開するには一橋慶喜様を次期将軍にお定めになり、越前福井藩主の松平春嶽様を大老に就けて、今後の対処をいたしたく存じます。

朝廷も一橋贔屓のようですから、頑なな態度を軟化させて条約調印に持ち込めるのではないかと思います。

松平春嶽様も朝廷との交流もあるようですし、この難局を乗り越えるには、この人事が最適であろうと思います。

ハリスとの約束の期限も過ぎておりますので、何とぞお聞き入れください。」

と進言した。

ところが、ここでも堀田の見通しは甘かった。

家定は、

「私は一橋慶喜が嫌いじゃ。慶喜は大奥での評判もすこぶる悪い。私には子がおらんから、継嗣は従兄弟の紀州藩主・徳川慶福《よしとみ》（後の徳川家茂）と考えておる。大老は家柄からも人物としても、井伊直弼しかおらん。彦根藩では藩政改革を行い、名君と呼ばれているではないか。」

と言った。

そもそも大老職を設けることというのは、幕府内での絶対権限を与えることになり、異例の人事であった。絶対権力というものは、善政に導く時には大きな力を発揮するが、悪政になれば暴君を生むという両刃の剣なのである。

家定が大老職を与えた理由には、条約締結の問題ともう一つ将軍継嗣問題があった。

家定は病弱で実子もなく、幕府内では将軍継嗣問題がすでに持ち上がっていたのだ。

井伊直弼は紀伊藩主の徳川慶福を推挙して、家定の意向を汲み、南紀派という立場を取っていた。

また、一橋慶喜を推す水戸藩主・徳川斉昭や薩摩藩主・島津斉彬、福井藩主・松平春嶽や土佐藩主・山内容堂らの一橋派との対立を深めていた。

一橋慶喜が英才で、自分よりも遥かに見た目が良く、家定は劣等感と嫉妬心から慶喜を毛嫌いしていたのだ。

それが、井伊の強力な後ろ盾となったのである。

将軍後継者は血統の近い者から選ぶのが通例であったが、先代将軍・家慶は家定の継嗣としての器量を案じていたため、実子である家定に継がせることを躊躇《ためら》っていた。

家慶は一橋慶喜を将軍継嗣にしようと考えたが、幕臣の反対で止む無く実子の家定を将軍継嗣とした。

家慶には二十七人の子がいたが、四男の家定だけが成人まで生き残ったという早逝の兄弟であった。

人物本位で選ぶべきという徳川斉昭は、自分の実子である慶喜を推したが、幕府の絶対権限を維持しようとする井伊の保守派と対立したのである。

家定は政治に疎く、表舞台に出ることはほとんど無く、趣味の菓子作りばかりに励んでいた。

ふかし芋や煮豆、饅頭にカステラまで、色々な菓子を作っては家臣にも振舞っていた。

松平春嶽はそれを馬鹿にして、陰で「芋公方《いもくぼう》」と渾名で呼んでいた。

春嶽は家定の将軍としての才覚のなさを、呆れ果てていたのである。

安政五年七月五日に、家定に対する井伊の裏の画策によって、江戸城に諸大名が招集された。

「紀伊藩主の徳川慶福を将軍継嗣とする。

また、新たに大老職を設け、彦根藩主・井伊直弼に任ずる。

一橋派の諸大名は隠居謹慎・登城停止などの処分を追って命じることとする。」

という意向を発表し、家定は初めて将軍らしい威厳を示した。

これは全て井伊の筋書き通りで、家定に発表させておき、後は井伊が強権を発動して処罰を行ったのである。

堀田は勅許失敗の責を問われて失脚し、井伊直弼が老中の上に立つ大老として登場したのだ。

将軍に成り代わり幕政を動かすことができるという大老職の絶対権力は、その後の安政の大獄という動乱の火に油を注ぎ続けたのである。

違勅条約締結

井伊は大老就任以来、ハリスに対して条約締結を先延ばしにして、勅許を得るために京都工作を続けたが、一向に朝廷からの勅許は下りなかった。

苛立つハリスの元に、東インド艦隊の軍艦ポーハタン号からの情報がもたらされた。

「アロー号事件に勝利したイギリス・フランス連合軍が、その勢いで日本との通商条約の締結のために日本に向かっている。戦争終結時の艦隊でやって来るから、数十隻の艦隊となる。このままではイギリス・フランス連合軍に、日本との通商条約の主導権を奪われてしまうことになる。」

との危惧が伝えられたのである。

ハリスはすぐにポーハタン号に乗り込み、横浜沖にやってきた。

そして幕府に、

「ポーハタン号艦内で、緊急の会談を行いたい。これは日本の国防にとって、一刻を争う緊急且つ重要な話だ。」

と持ち掛けてきた。

幕臣は、

「ハリスには条約締結を散々引き延ばしており、国防の緊急且つ重要な話となると、応じない訳にはいかんだろう。」

と会談に応じることにした。

井伊直弼は、

「勅許を得るまでは調印を延期するように。」

と幕臣の岩瀬忠震《ただなり》と井上清直《きよなお》に指示した。

交渉担当となった井上が、

「ハリスからどんな話が出てくるか分かりません。やむを得ないとなれば、その場で調印してもよいのですか。」

と質問した。

井伊は、

「その際は致し方ないが、なるべく調印延期に尽力せよ。」

と答えた。

ハリスは岩瀬・井上に向き合い、

「我が軍からの情報を単刀直入に申し上げるが、今、日本は危ない状況になっている。」

と切り出した。

「日本が危ないとは、一体どのようなことですか。」

と問うと、

「中国でアロー号事件が起きて、イギリス・フランス連合軍と戦争になって、連合軍が戦争に勝利した。連合軍はその勢いで、日本との通商条約の締結のために日本に向かっている。戦争終結時の艦隊のままでやって来るから、軍勢は数十隻の艦隊となるだろう。もしも我々が条約を結んでいれば、同盟国として日本を助けることもできるが、そうでなければイギリス・フランス連合軍の強引な交渉を止めることはできない。

連合軍が日本に到着するまでに、もうあまり猶予はない。

ここで条約に調印するか、まだ引き延ばすのか、はっきりしてくれないとアメリカにも火の粉が飛んでくる。」

と条約締結を迫った。

下田奉行を務めていた井上は、

「ハリスは決して嘘を言うような男ではない。この情報は本当だろう。

もし連合軍の大軍が押し寄せてくれれば、幕府はひとたまりもない。」

と岩瀬の顔を見た。

岩瀬もまた、

「このような一刻を争う状況では、アメリカと調印するのはもはや仕方あるまい。

ただし、まだ勅許が下りていないものであるから、そこはご理解いただきたい。」

と言い、艦上での条約調印に踏み切った。

井伊は、

「その際は致し方ない。」

と言ったことは伏せたまま、幕府の意向を無視して条約調印したとして、岩瀬・井上を左遷した。

しかし、幕臣二人に責任を取らせて済む話ではない。

幕府は朝廷に対し、

「政治は幕府の専権事項である。」

として、勅許なしでの条約締結問題を乗り切ろうとした。

しかし、この違勅調印という朝廷無視の行為が、討幕の勢いに火を点けていくことになった。

狂夫、建白書を連発する

このような情勢変化は、松陰にも江戸や京都からの手紙で伝わったが、常に数日遅れの情報であった。

松陰は我慢ならず、「狂夫の言」と題して建白書を藩に提出した。

狂夫とは狂った男ではなく、発狂するかの如き激しい熱意を意味する。

「日本が国難である時に、それに気づきもしないのは最も憂慮すべき事態である。その問題をよく認識すれば、対策せずにはおられないはず。今、政治改革しなければ、我が藩も危機に陥る。抜擢人事を行い、上への意見具申を受け入れるなどして、喫緊の課題に取り組むべきだ。」

と激しく政治批判した。

松陰の狂うほどの本気の諫言であったが、保守派の重臣たちによって完全に握り潰されていた。

幕府家老の堀田の朝廷上奏の失敗の知らせも届き、またも松陰は「対策一道」と題する上申を行った。

「開国論者も鎖国論者も、世界の情勢を理解しない者たちが唱えている。幕府が信念なき政治で、なし崩しの通商条約を結ぼうとしているのは看過できない。条約は一旦拒否した上で、海外に学び国力を蓄えた上で、対等の条約を結ぶべきである。」

と激しさを増していった。

藩内も揺れ動く中で、慶親も密かに周布などの改革派の重臣と相談していた。

「将軍継嗣問題で幕府の中も勢力が二分されておる。寅次郎が色々建白してきておるが、かなり苛立っているようだな。」

「殿、私も読みましたが、確かに今の幕府も我が藩の重臣の多くも保守的で、日和見の者が多いですな。我が藩も人事を刷新し、藩政改革をする時が来たのでしょう。この際、保守派を外して家老に益田弾正《だんじょう》、前田孫右衛門あたりを要職に用いてはいかがでしょうか。」

「うん、これほど世情が変化している時に、古い考えの者が重石《おもし》になっていては、藩政の改革もままならんだろうな。よし、寅次郎の塾の門下からも、優秀な者は抜擢していこう。」

と慶親も藩政改革に乗り出していった。


そんな中、松陰は「大義を議す」と題して、またも建白し、

「天皇の討幕令が出る前に、長州藩が朝廷と幕府の間に入って調停すべきである。長州が動かなければ、この先は一気に討幕の勢いが増して、日本は大動乱に陥るであろう。」

と慶親に諫幕を強く促した。

江戸や京都からの知らせの度に、情勢は目まぐるしく変化していて、ついに慶親も動いた。

「周布政之助、朝廷への遣いを命じる。長州藩は朝廷において何か事が起きたなら、皇居を守護する覚悟であることを、朝廷に直接奏上する。幕府を通じずに朝廷に奏上することはご法度であるが、我が長州は幕府に先んじて動く。覚悟して行ってまいれ。」

と慶親は言葉に力を込めた。

「はっ、殿のご英断承りました。このお役目を拝命いただけるとは、有り難き幸せにございます。この周布政之助、命に代えてもこのお役目果たしてまいります。」

と周布もまた意気込みを示した。

これは幕府の規定に背く、大名と朝廷の直接交渉であり、謀反に等しいと取られても仕方ないことであった。慶親にとっても、藩主となって初めての一世一代の決断であったため、なかなか身の震えが収まるまでに時間がかかった。命を受けた周布もまた同様であった。

幕府の大失態が白日の下にさらされ、幕府の威光は落ち続けていく。焦った幕府は尚一層「安政の大獄」へと突き進んでいくことになるのである。

暴走を阻止する野山獄再投獄

皇族大名である長州藩には、皇室への献上品などでの接触は認められていたが、大名と朝廷が直接交渉を行うという掟破りに大老・井伊直弼は焦った。

すぐに老中・鯖江藩主の間部詮勝《まなべあきかつ》に、朝廷と反幕志士の弾圧の総指揮を執るよう命じたのである。

こうして安政の大獄が始まった。

志士たちの中心にいた梅田雲浜《うんぴん》の捕縛に端を発し、次々に志士たちを捕らえていった。

松陰はこの幕府の暴挙に、長州藩は必ず反幕に立ち上がると思っていた。

ところが長州はじめ各藩は、幕府の安政の大獄の激しさに躊躇していたのである。

松陰は［時勢論］を建白して、

「幕府の暴政は目に余る。今こそ大義を持って、討幕するべきである。

このまま傍観していたら、志士たちは殺され、天下の大改革は時機を失ってしまう。」

と強く訴えた。

周布政之助は松陰の兄・梅太郎を通じて、

「藩は手をこまねいている訳ではなく、真剣に勤皇の手立てを主君・慶親様に諮っている。

今、松陰や弟子たちが逸《はや》るべきではない。

それでも妄動するというのなら、松陰を投獄してでも動きを封じるしかない。」

と伝えてきた。


松陰の良き理解者であった周布にとっては、

「この安政の大獄の中で、幕府は血眼になって志士たちを探し、朝廷にも圧力を掛け続けている。

我が藩も必ず勤皇に動くが、今は時機が悪い。不用意なことをして、天下の大事を急いては事を仕損じる。」

と松陰を諫めたかったのだ。

しかし周布の想いと、

「時機を逃してはならない。」

という松陰の焦りとは符合しなかった。

「こうなれば二十一回猛士の四回目の猛を行うしかない。」

と松陰は奮い立った。

松陰は塾生十七名を集めて、

「江戸からの情報では、水戸と薩摩の志士たちが大老・井伊直弼の暗殺を企てています。長州からの援助も求めてきているらしい。

ここは何としても京都で志士の弾圧を進めている老中・間部詮勝を血祭りにあげて、天下にこの革命を知らしめる時でしょう。大義の実践であるから、堂々と藩庁に老中・間部の暗殺を申し出る。

クーボール砲三門、百目玉筒五門、三貫目鉄空弾二十発、百目鉄玉百発、火薬五貫目の貸し出しを藩庁に求めよう。」

と檄を飛ばした。

全員が松陰に同調して、武者震いしながら血判を押した。

江戸にいた久坂玄瑞・高杉晋作にも、間部詮勝暗殺計画を手紙で知らせた。

周布は、

「西を向けば東から波が来て、東を向けば西から嵐が来るような時です。

この荒波の中で、短慮なことはできません。

まずは吉田の拙速な行動を止めなければ、長州藩にも災いが降り掛かってきます。

この際、罪状は何でもいいので、吉田を再投獄して動けなくしなければ、吉田も藩士たちも安政の大獄に呑まれてしまいます。野山獄にて重謹慎を命じたく存じます。」

と慶親に願い出た。

慶親も他に案も浮かばず、

「難しい時代に生きなければならん宿命だな。藩主として藩士・領民のために最善を考えなければなるまい。周布の申す通り、ここは寅次郎の暴走を止めなければならん。致し方ない、そうせい。」

と答えた。

藩庁から松陰に、

「学術不純にして、人心を動揺させる。」

という言い掛かりのような罪状での再投獄命令が下った。

藩庁としては松陰の暴走を危惧して、再び野山獄に投獄する以外に手がなかったのである。

門下生たちは、

「またもや先生を罪人にしようとは何事か。藩庁はこの大事な時に何を考えているのか。」

「長州が勤皇藩だとは、聞いて呆れるわ。今、長州藩が動かずに、いつ動くというのか。」

と憤慨した。

「こうなったら、周布政之助に直談判だ。」

と周布の屋敷に押しかけて、抗議を繰り返したが、藩の決定が覆ることはなかった。

雪がちらちらと舞う師走の寒い夜に、親戚・友人・塾生たちが松下村塾に集まり、別れの宴を催した。

松陰は「村塾の壁に留題す」という詩に無念さを書き残し、

「松本村はひなびた寒村ではあるが、必ずここから志を継ぐ者が、日本国の骨幹となってくれる。」

と締めくくった。

翌朝、塾生たちは積もった雪を踏みしめながら、野山獄の門まで師について行き、無念の別れを惜しんだ。

こうして松下村塾での松陰の講義は、僅か三年に満たない期間で終わった。

しかしながら松陰の激しさは獄中で増幅していき、更に門下生を煽り続けることとなる。

本質的には獄中であろうと自宅であろうと、松陰のいる場所が常に松下村塾であったし、自由が利かないことで余計に松陰の気性の激しさが露わになっていくのである。

第八章　松陰、大獄に散る

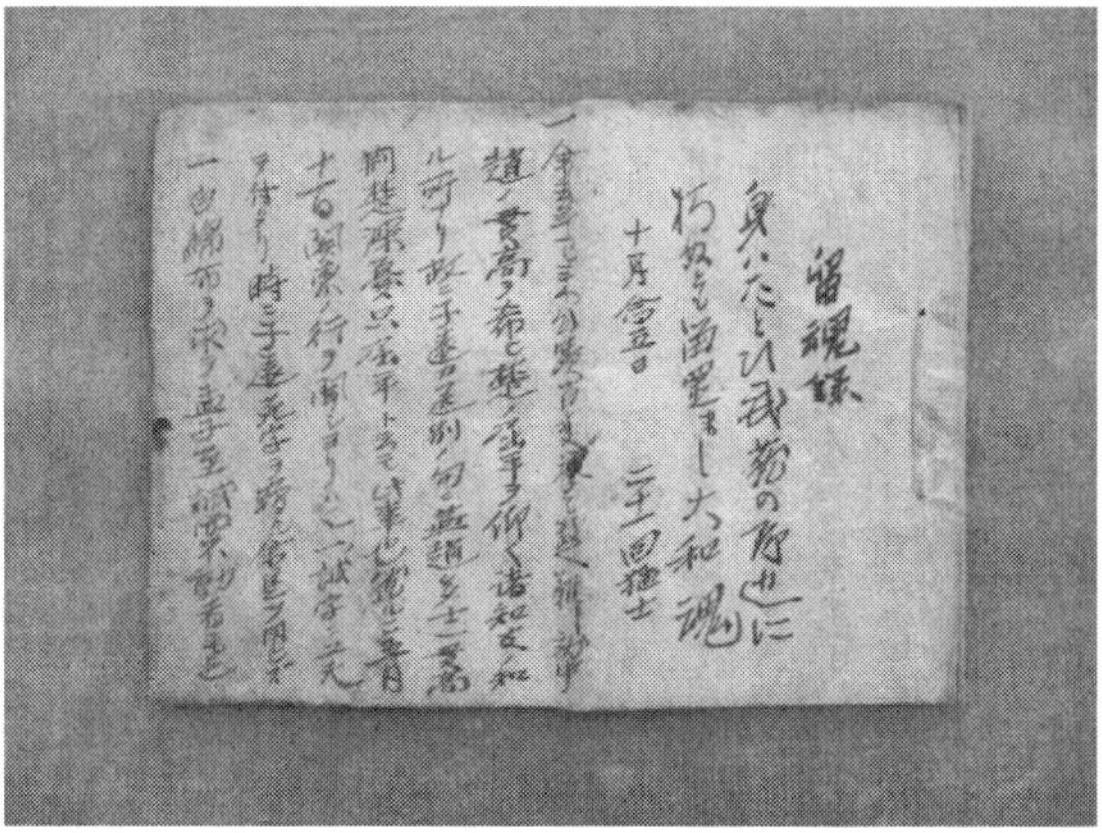

吉田松陰留魂録　（松陰神社所蔵）

伏見要駕策失敗

松陰が再投獄された翌年、安政六年の正月に久坂・高杉らに送った手紙の返事が届いた。

松陰はこれを待ちかねていた、「老中・間部詮勝暗殺の報」であると期待した。

しかし、この手紙には、

「師のおっしゃる間部暗殺は正論であり感激でした。

しかし、天下の形勢は大きく変わり、各藩も皆静観の態度を変えません。

江戸や京都での志士に対する弾圧も全く酷い状態ですし、捕縛は公家の家臣にまで及んでいます。

今、暗殺を決行するのは非常に難しく、事を急いては長州藩にも災いをもたらす恐れがあります。

幕府は諸侯や志士たちを、次々と処罰しておりますし、条約によって異国との貿易が始まれば、もう誰も傍観などできないでしょう。

その時までは我慢し、時が来れば一気に決起すべきと同志たちと共に考え、先生にご理解いただきたいということになりました。何卒この熟慮の結果をお解りいただきたく、お願い申し上げます。」

という返事であった。

「これでは周布政之助が言うのと同じではないか。」

と愕然とし、また落胆した。

松陰は、

「革命というのは、深夜音もなく周到に準備を進めて、一気に堂々とやるものだ。向こうから時機がやって来るのを待つなどと、何を悠長なことを言っているのか。お前たちが間部を討ち果たして、死ねばいいだけだ。大義のために死ぬこともできんのか。」

と腹立たしさに、牢の壁を殴った。

最も厚い信頼をしていた弟子たちに幻滅を覚えながらも、思い直して返事を書いた。

「今日は一月十一日、金子重之助の命日です。私はまたしても獄中に閉じ込められていて身動きできず、亡き友に恥ずかしい限りの状況です。日本のために命を捧げる忠義というものは、君らの様に功名心で手柄を立てたいというものでは断じてないのです。私は天に対する忠義心で事に当たっているのです。どうやら君たちとは考え方が違うようで、極めて残念で仕方ないです。」

と書き、眉間にしわを寄せた。

「最早これ以上の猶予はならん。そうだ、伏見要駕策《ふしみようがさく》しかない。」

と松陰は次の策に打って出た。

「慶親様の参勤交代の駕籠を京都の伏見で停めさせる。そこで反幕派の公卿たちと面会させ、その場で長州藩が勤皇の旗を揚げるのだ。幕府はすでに朝廷に対して不忠を働いているのであるから、ここで朝廷に幕府の失政を糾弾する。

今、幕府への忠誠という参勤を止めることこそ、天皇に対する忠義になる。慶親様なら必ず賛同してくださるはずだ。幕府への忠誠を示す参勤交代の制度を破綻させるのだ。」

と策を練った。

しかし、萩にいた塾生たちを集めてその企てを明かしたが、皆の意見は久坂や高杉と同じであり、

「安政の大獄の中、下手に動くのは危険すぎます。後少しで時機は来るはず、その時を待つ方がいいと思います。」

と総じて否定的であった。

そんな中、入江杉蔵・和作の兄弟だけが、

「松陰先生、その役目、我ら兄弟にやらせてください。」

と申し出てくれた。

「よし、これで何とかなる。杉蔵、私が手紙を書くから、それを御所に落とし文して、この意図を理解してもらおう。杉蔵は京都の公卿の三条実美様や大原重富様たちに連絡をつけて、事を進めてほしい。これで革命は実現するはずだ。」

と躍起になった。

ところが、杉蔵の年老いた母が病に倒れて、止む無く杉蔵は萩に残ることとなった。まだ十八歳と若い弟の和作だけが、伏見要駕策を決行することになったのである。

獄中の松陰は不安の中で、
「和作、今はお前だけが頼りだから、上手くやってくれよ。頼んだぞ。」
と牢内の松陰には、只々祈ることしかできなかった。
松陰の祈りも虚しく、ほどなく計画失敗の報せが来た。
事もあろうに、この計画は塾生の一人から藩庁に漏れていたのだ。
藩庁はすぐに追手を差し向けて、京都伏見の水際で和作を捕らえて萩に連れ戻した。
そして入江兄弟揃って岩倉獄に投獄されたという報せが入ったのだ。
同志から情報が漏れるとは、松陰にとっては信じられない出来事であった。
一縷《いちる》の望みに掛けていた策は、まさかの展開で水泡に帰した。
牢内で自由の利かない松陰は、
「失敗の原因が同じ塾生の不手際か、それとも裏切りか。
私の門下生がこれでは、もう打つ手がないではないか。」
と酷く落ち込んでいた。

江戸移送の幕命

伏見要駕策の失敗で、松陰は数日間絶望の淵で思考停止に陥っていた。
しかし、討幕を諦める訳にはいかないと、残された策を考えた。

「そもそも藩に期待したのが間違いだった。私の一生の不覚であったと言わざるを得ない。残るは藩の職に就かない在野の有志を頼みにして、革命を起こすことしかない。」

と岩倉獄にいる入江兄弟に伝えた。

松陰は、

「封建的な国家体制を破壊して、新たな近代的社会をめざす革命は、在野の民によってしか実現できない。」

と考えて、情熱溢れる志士が新たに次々と出てくることに期待した。

しかし、松陰の革命に賭ける想いとは裏腹に、囚われの身ではどうにもならなかった。

安政の大獄の中、京都や江戸では百人を超える志士たちが次々に捕らえられていた。中でも条約反対と尊皇攘夷を訴えて、志士たちの先鋒となり、幕政を激しく批判した梅田雲浜は早々に伝馬町の獄中にいた。

雲浜は都と長州との交易で財を成し、多くの志士を経済的にも支援して、最期まで志士たちの中心で尊皇攘夷の運動を推し進めていた。

雲浜を捕縛後、幕府の探索方は、

「長州の田舎に吉田寅次郎という者がいて、梅田雲浜と謀議を行った可能性がある。この吉田の力量は抜群らしく、萩の僻地からも謀反や争乱などの目論見をして、江戸や京都の者を動かしている様子だ。」

と松陰にも目をつけていた。

しかし松陰は、

「自分は遠く離れた萩の野山獄に入牢させられているから、幕府の手がここまで及ぶことはないだろう。」

と考えていた。

独裁体制を強めていた大老・井伊直弼は、寛大な処罰を訴える臣下を情け容赦なく更迭した。厳罰主義の臣下に命じて、意のままに厳しい詮議をさせていた。

江戸から遠く離れた萩にいる松陰に疑いが掛かっていようとは、まだ誰も思ってもみなかったが、幕府は疑義のある者は手当たり次第に捕縛していたのである。

安政六年四月、突然江戸長州藩邸に、

「吉田寅次郎の身柄を江戸に移送せよ。」

との召喚命令が来た。

藩主・慶親は藩の直目付・長井雅樂《ながいうた》に、

「寅次郎は黒船の一件以来、ずっと萩で謹慎させておるではないか。

何もできない寅次郎が、なぜこの大獄で捕らわれるのか。甚だ理解に苦しむことだ。」

と問いただした。

長井は、

「殿、大老の井伊様は少しでも反幕の疑いがある者は、片っ端から遠島や死罪などの酷刑に処す方針であると聞きます。実のところ、将軍家定様は生来病弱で、政治には全く関わっていないとのことです。

全ては井伊様の専断のようですが、将軍の名を嵩《かさ》にかけて、公家の家臣までも捕縛するという激しい弾圧を行っています。今、井伊様に目をつけられては、我が藩にも危険が及びます。

ここは幕命に従って、吉田を江戸に連行する以外にありません。」

と答えた。

「寅次郎もあの気性では、大人しくもできまい。

残念だが、今大老に逆らっては長州藩がお家取り潰しになり兼ねんな。

仕方ない、萩に帰って寅次郎を連れてまいれ。」

と無念そうに答えた。


長井はひと月後に萩に帰国して、藩庁に幕命を伝えた。

松陰も勿論のこと、藩庁も身内も弟子たちにも、僻地の萩にまで安政の大獄が及ぶとは、正に寝耳に水の出来事であった。弟子たちは江戸送りとなる師を案じて、連日野山獄を訪れた。

悲嘆にくれる弟子たちに、松陰は「諸友に示す」として、孟子の
「至誠にして動かざる者は、未だこれ非《あら》ざるなり。」

という言葉を示して言った。

「私の最後の切り札は、孟子の言う「この上ない誠実さを貫けば必ず人は動く」ということです。

今はこの至誠を尽くして、天に通じさせる時なのです。

皆、これを深く心に刻んで、これからの活動に活かしてください。」

と江戸での詮議に覚悟を決めていた。

「私は伝馬町の牢においても、やれることをやるつもりです。

以前から言う通り、今の自分の立場と能力で、やれることをやり尽くすというのが使命というものです。」

と胸を張って見せた。

司獄の独断　別れの一夜

いよいよ松陰が江戸送りとなる前夜、弟子となっていた司獄の福川犀乃助は、独断で籠の手配をした。福川にも安政の大獄の苛烈な裁きのことは耳に入っていたため、師との今生の別れを予期していた。

福川は、

「もう今回ばかりは、松陰先生は助からないかもしれない。せめて一晩でも、お身内と過ごしていただこう。私が罪に問われようとも、弟子としてこれが今の私にできるやっとのことだ。」

と涙を滲ませていた。

「さっ、松陰先生、駕籠にお乗りください。これは内密ですが、出発前に一晩だけでもお身内とお過ごしください。」

と福川は松陰を急かせた。

「いや、司獄の立場でそのようなことをされては、福川さんに迷惑が掛かりましょう。ご無理はなさらないでください。」

と松陰は福川の申し出を拒んだ。

「松陰先生の難苦に比べれば、私の罪などたいしたことではありません。さっ、時間がありませんから、どうぞお急ぎください。」

と福川は強く勧めた。

とにかく人目に付かないように夜陰に紛れて、急いで松陰を駕籠に乗せて野山獄を出たのである。

駕籠が松本村の実家に到着し、福川は、

「先生、明日の朝、お迎えに参ります。どうかその間、お身内との別れを惜しんでください。」

と言って帰って行った。

松陰はその後姿にそっと手を合わせた。

思いがけない松陰の帰宅に父母は驚いたが、福川の配慮であると知り、福川が帰って行った方向に両手を合わせて涙した。

「有り難いとはこのことじゃ、あり得ないことをしてくださった。

本来なら自分が罪に問われるようなことを、司獄という立場でやってくれるとは。

本当に有り難いことだ。」

と父・百合之助はしみじみと言った。

松陰は一時獄中で絶食して、藩の対応の不甲斐なさに抗議していたが、父母や文之進の説得で思い直していた。

母・瀧は風呂で、随分と痩せてしまった息子の背中を流しながら、

「必ず無事でいて、もう一度元気な顔を見せてくださいよ。」

と懇願するように言った。

松陰は、

「今回はもう、帰ってくることは叶わないかも知れない。」

と感じながらも、

「母上、必ず無事に帰ってまいりますよ。いずれまた元気な顔をお見せしますとも。」

と返したが、心中では今生の別れを覚悟していた。

松陰は、

「親より先に死ぬ親不孝を、どうかお許しください。

父と母に頂戴したこの命に代えて、必ず世の中を変えて見せます。」

と心に誓った。

深夜に松陰は、これまで数々の便宜を図ってくれ、最後に家族との訣別の機会まで与えてくれた福川に宛てて感謝の書を書いた。

翌朝、司獄の福川が迎えに来て、

「先生、不本意ながら一旦野山獄に戻り、藩命により腰縄を掛けさせていただかなければなりません。そして、唐丸籠での江戸行きとなります。不自由な旅となることをお許しください。」

と無念そうに言った。

「福川さん、それがお役目なのですから、どうか決められたようにやってください。

昨夜のご配慮だけでも、充分過ぎることですから。

お陰様で父母や兄弟とも、別れのひと時を過ごすことができました。

本当にありがとうございました。この書は感謝の印です。」

と松陰は礼を言い、昨夜したためておいた一幅の書を手渡した。

福川は江戸送りの出立を見届けてから、松陰から贈られた詩をしみじみと読んで、感謝と賛辞の言葉に感嘆した。

そして、すぐに藩庁の周布政之助の元に向かった。

「私の一存で、昨夜松陰先生をご実家にお帰ししました。

厳罰は覚悟の上でやったことです。いかような処分もお受けいたします。」

と福川は正直に言った。

ところが周布は、

「一応、建前としてお前を叱っておくが、それはお前が藩庁の命令を聞き間違えただけだ。別に罪には問わんから、このことは他の誰にも漏らさずに黙っておけ。お前が黙っていてくれんと、こちらも都合が悪いでな。」

と言い、

「考えていたことは私も同じだ。ここだけの話だが、よくやったぞ。」

と福川の耳元に小声で囁いた。

そして、二人は共にうなずき合い、最後の配慮を密かに喜び合ったのである。

残された久子の想い

松陰が野山獄再入牢の時、獄中にはまだ高須久子がいたため、再び五ケ月ほどの同囚生活を送った。

松陰は久子に対して、憐れみのような淡いときめきのようなものを抱いたことはあったが、恋に落ちた訳ではなかった。

それはこの上なく大きくとてつもなく強い志を持ち続けるための、［浩然の気］にこだわっていたからである。［浩然の気］を養い続けるためには、一切無駄なことに気を消耗させてはいけないと、厳に自分を戒め続けたからであった。

久子もまた、その毅然とした態度に憧れを抱き、一回り年下の弟を溺愛するかのような感情を抱いたのである。

松陰は安政の大獄で江戸送りとなり、

「ほととぎす（あなた）の声は、忘れられる訳がない。」

という意味の歌を久子に贈り、別れを惜しんだ。

久子もまた、

「手の届かない雲の上に、センダンの花（松陰）が咲く日になってしまいました。」

という、松陰が遠く離れてしまうことを嘆いて、別れの寂しさを表す意の句を贈ったのである。

久子は松陰が江戸送りになる前に、餞別に汗拭きの手ぬぐいを渡し、松陰からは獄中で使っていたお膳を受け取った。

松陰は手ぬぐいのお礼に、

「箱根山を越える時に汗も出るでしょう。君のことを想いながら、汗を拭い清めます。」

という意味の歌を返した。

やはり二人は獄中で僅かながら惹かれ合っていたが、淡い思いのまま終生再会することはなかった。

松陰が江戸送りになった後も、久子の監禁は続いた。時代が明治になって、野山獄が廃止されるまで、久子は自由の身となることができなかった。

晩年の久子は陶芸を趣味とし、作陶した茶碗に歌を彫り残した。

「木の芽を摘んでいたら、山のほととぎす（松陰）の声が聞こえてきた。

久子　六十九歳」

と松陰のことを想う気持ちを描いていた。

七十歳近くになっていても、松陰に対する久子の想いは続いていたのである。

久子は生涯、形見のお膳を大切に持って、八十八歳の天寿を全うしたのである。

江戸への護送　涙の一本松

松陰にとって五年ぶりの唐丸籠は、三十人もの役人が付くという物々しさだったため、藩が未だに幕府の目を恐れていることが有り有りと感じられた。

しかしその反面、五年前の江戸からの護送とは扱いが違っていた。役人たちは皆、松陰に同情的であったし、密かに松陰の教えを支持していた者もいたが、無論それを口にする訳にはいかなかった。

役人たちは萩の町の見納めとなる峠の上まで、弟子たちがついてくるのを黙認した。

そして、松陰が故郷を見渡せるように、唐丸籠を萩の市中に向けて置いた。

役人たちはわらじの紐を結び直したり、身支度を整え直すなど、何かと理由をつけて長い休息を取ったのである。

松陰は、

「帰らじと
思いさだめし旅なれば

ひとしお濡るる涙松かな」

と籠が置かれた一本松の横で、両親と故郷への別れの詩を読んだ。

「もう萩に帰ってくることはできない旅に出るが、この一本松の横で故郷を見ていると、涙が止めどもなく流れてくる。」

と覚悟の反面、裏腹な嘆きを隠すことなく涙を流した。

ここで師との最後の別れとなる弟子たちも皆、師に向かい正座して両手をついて泣いていた。憂国の士が死出の旅となるかも知れない、弟子たちとの決別の時であった。


江戸への護送には一ヶ月ほど掛かるが、役人たちは松陰に優しく接してくれた。

途中の宿で役人の一人が、

「松陰先生、こんな安政の大獄という時代がいけないのです。井伊直弼が大老でなければ、こんな目に遭うこともなかったでしょうに。お役目とはいえ、私も悔しい思いです。」

と同情して言った。

「この安政の大獄こそが、井伊直弼にも幕府にも破滅をもたらすことでしょう。激しい弾圧を行えば、反作用として己の身に災いが降りかかるのは、歴史が証明しているところです。そこから日本は新しい時代を迎えることになるのです。そのためなら、この命を惜しいとは思いません。」

と松陰はきっぱりと答えた。

第一回詮議、余計な一言

ひと月掛かりでの護送は、六月二十四日に江戸藩邸への到着で終わった。

腰縄が解かれて、松陰は藩邸内の牢に幽閉されていたが、そこに突然お忍びで藩主・慶親がやってきた。

「寅次郎、久しぶりだな。ひと月の唐丸籠は難儀であったろう。体の具合はどうだ。」

と慶親が声を掛けた。

「殿、お久しぶりございます。私なら大丈夫です。これから幕府の詮議がありましょうが、何としても井伊直弼や間部詮勝と対決しなければなりません。」

と松陰は答えた。

「これ、そのようなことを軽々しく言うな。大人しくしておれば重刑にはならんだろう。

お前は時代の二歩も三歩も先に行き過ぎる。親にもらった命、少しは大切にしろ。良いな、詮議の時に余計なことを口走ってはならんぞ。

私は今でもお前を失いたくはないからな。お前は長州藩の宝なんだぞ。ちゃんと自覚しておけよ。」

と言い残して慶親は去った。

江戸藩邸到着から半月後、評定所から呼び出しが来た。

伝馬町牢屋敷の表門をくぐり、早速中央に位置する穿鑿所《せんさくしょ》に通された。

奉行所から三人の奉行と、与力や同心たちが出張して来て、牢屋役人立会いで取り調べが行われ、

「長州藩士、吉田寅次郎こと、吉田寅次郎に相違ないか。」

の問いに、

「はい、吉田寅次郎こと、吉田松陰と申します。」

と答えた。

「吉田寅次郎には、梅田雲浜と討幕の謀議をした疑いが掛かっておるが、梅田とは何を話したのか。」

と吟味役の奉行が問いただした。

しかし松陰は、

「私は郷里の萩にてずっと謹慎しておりましたから、そのような謀議ができるはずもないでしょう。ましてや梅田という人とは会ったこともありません。」

と切り返した。

松陰は一度だけ梅田雲浜と会ったことがあったし、数年来兄の梅太郎を通じて、梅田雲浜とは密かに手紙のやり取りがあったが隠し通した。

松陰は、

「梅田は長州と都の物産交易の仲介で財をなすとは、随分と悪賢くて嫌な奴だ。商売で儲けようとする者は武士ではない。」

と軽蔑していたから、あまり梅田と語り合いたいとは思わなかった。

梅田との関係については、松陰はそれ以上には一切口を割らなかった。

「では、京都御所の件はどうじゃ。」

と問われ、

「一体何のことだか分かりません。」

と答えた。

「京都御所に落とし文をして、公卿たちを扇動しようとしたであろうが。梅田などから、お前の筆跡に似ているという証言があるぞ。」

と言われ、松陰は、

「えっ、なぜ伏見要駕策のことを知っているのか。失敗したのであるから、証拠などあろうはずもないが。」

と心中穏やかではなかった。

奉行はこの時点では、

「この二つの疑いに、何も証拠が出てこなければ長州藩邸に戻そう。」

と考えていた。


松陰はここまでは自重して、奉行の問いかけにも穏やかな態度で受け答えしていた。これは常日頃から、自身の短気で気性の激しい性格を自覚していたため、他人の感情を害さないように努めていたからである。

しかし、奉行は尋問の最後に、

「他に何か幕府や私に言っておきたいことはあるか。」

と優しい口調で言った。

松陰に自由に供述させれば、何かしゃべらないかと考えたのである。

人を疑うことをしない純粋な松陰にとって、これは誘導尋問に等しかった。

次第に松陰の悪い癖が頭をもたげてきて、諫幕への本音を抑えられなくなってきたのだ。

「奉行が聞いてくれるのなら、もう我慢せず諫言してやろう。

この六年間で私が考えてきたことを言ってやろう。たとえ幕府の役人でも、この私の考えは理解できるはずだ。」

と幕府への諫言を始めてしまったのである。

「そもそもペリーにもハリスにも、幕府はどこまでも弱腰です。

朝廷の許可も得ないまま条約を結んだのは、止むを得なかったかも知れませんが、天皇に対する不忠であったことは確かです。

その上、公武合体を画する大事な時機において、京都での老中・間部詮勝らによる志士や公家への大弾圧は目に余るものです。私は間部に会って諫言したい、とまで考えてしまいました。」

とつい松陰は憤りのあまり、幕府が掴んでいないことまでぶちまけた。

奉行は、

「お前の論が正しいとは思えない。

しかもお前のような低い身分の者が、国家の大事を語るとは実に怪しからんことだ。」

と繰り返した。

江戸藩邸を出るまでの松陰は、

「どうせ確たる証拠もない取り調べであろう。幕府の役人には、知らぬ存ぜぬで通していこう。」

と考えていた。

ところが、一番不味いところで憤りを抑えられなくなってしまったのである。

慶親が心配したように、松陰は込み上げた正義への想いを黙ってはおれない性分であった。

「老中・間部詮勝に諫言したいと考えただけで、襲った訳ではありません。

まして私はずっと萩で投獄されていたのですから、何もできる訳がありません。

これで罪を問われるというのなら、そんなことは全く恐れていません。」

と取り繕いながらも繰り返した。

突然の松陰の諫言に奉行は衝撃を受け、

「貴様は自分が何を言っておるのか分かっておるのか。

ご老中に諫言して、聞かなければ斬ると言うことであろうが。密かに仲間を扇動したのであろう、この不届き者が。

ご老中暗殺を謀り、幕府転覆を謀った疑いである。直ちに入牢を申し付ける。」

と問答無用の処断であった。

余計なことまで口走ってしまった松陰は、

「幕府の知らないことまで言ってしまった。これでは同志に危険が及ぶし、罪のない人まで傷つけるかも知れない。

わざわざ隠れた傷まで曝《さら》け出してしまった。」

と後悔した。

しかし、同志や友人の名前を一切明かしていなかったことが、せめてもの救いだった。

この反省の弁は遺書の［留魂録］にも、

「奉行には間部暗殺とは言わず、諫言しようと思ったと言った。

しかし、暗殺計画に連署して血判を押した者の名前は隠し通した。

これは後に決起する人たちへの親切心である。

私一人の処罰で、同志の誰も連座させられなかったのは大きな喜びだ。」

と書いた。

晋作、機敏に動く

松陰は牢に入る前に、

「衣服を脱げ。」

と命じられ、褌ひとつの裸にされて所持品をあらためられた。

伝馬町牢屋敷の中は、身分によっていくつもの牢に分かれていた。百姓や町人が入る大牢には、三十畳ほどの牢に百人ほどが詰め込まれて、一畳に何人もがひしめき合う劣悪な環境だった。

幸いに松陰は東揚屋という牢に入れられた。これは大名の家臣などが収容された士分の者の牢であったが、幕府に任命された牢名主以下、牢内にも幾重にも身分制度があった。

言わば完全自治制で運用されており、役人も牢内のことには口を出さなかった。

黒船での密航未遂で入牢の経験をしていた松陰は、もしもに備えて着物の襟に金を縫い込んでいた。

牢内は生き地獄であったが、地獄の沙汰も金次第で、すぐに牢名主に挨拶代わりに金を渡した。前回も桂小五郎などに金の工面を依頼して、客分扱い、若隠居、仮座隠居、二番役、添え役と格が上がっていった。添え役となれば牢名主の補佐役であり、読書や外部への書簡も便宜を図ってもらえ、松陰は読書や執筆に専念できたのである。

ちょうど江戸に来ていた高杉晋作に、すぐに松陰入牢のことが耳に入った。

高杉は急いで伝馬町牢屋敷に駆けつけ、金や書や食べ物を差し入れた。

「松陰先生、牢内は幕府が指名した牢名主に仕切られておりますから、金を渡さなければ牢内で体を伸ばすことすらできません。この金を渡せば、中での居心地も違いましょうから、まずは金をお渡しください。」

と師を気遣った。

「それは前回の経験で知っていたので、すでに隠し持っていた金を渡しました。早速もう少し渡して、出世させてもらいましょう。ありがとう、これで牢内でも自由が利きますから助かります。」

と松陰は高杉の配慮を喜んだ。

牢名主は野武士のような荒ぶれた態度もなく、落ち着いて八枚ほど重ねた畳の上に座っていた。

松陰が、

「些少ですが、また少し金の工面ができました。差し入れもありますから、宜しくお願いいたします。」

と金と差し入れの食べ物を渡した。

牢名主は、

「牢内は自治ということになっていましてな。私は幕府から牢内の規律を守るようにと、牢名主を任されておるのですよ。牢人が多くなると、口減らしのために殺される者もおります。何せ、玄米五合と汁を分け合って食うわけですから、牢人が増えると食い物が減るので物騒なものです。この金と差し入れの食べ物は、私が皆に上手く回してやりますから安心しなさい。」

と答えた。

そして、

「吉田さんも安政の大獄で萩から送られたと聞きましたが、えらい目に遭いましたな。何か分らんことがあれば、遠慮なく聞いてください。」

と穏やかで優しかった。

高杉は来るたびに、惜しげもなく金と食べ物と本を差し入れてくれたため、松陰は今回も牢内での地位を上げることができて助かっていた。

しかし、高杉が度々伝馬町牢屋敷に通い詰めであることは、すぐに江戸藩邸の重役たちの知るところとなった。

「幕府転覆の嫌疑が掛かっている吉田の所に通い詰めとは、何事か。長州藩にまで良からぬ疑いを持たれては、お家の一大事じゃ。早速、高杉晋作に萩への帰国を命じよ。」

と高杉はすぐに江戸から追い払われてしまった。

これによって、松陰と晋作は永遠の別れとなったのである。

井伊の赤鬼　安政の大獄

その頃、安政の大獄の激しい粛清のため、井伊直弼は「井伊の赤鬼」と渾名され、恐れられていた。

彦根藩主の頃には、藩政改革を行いながら、十五万両もの大金を藩民に分配するなど、善政を行ったというが、今では背くものを根絶やしにする恐怖政治を断行していた。

松陰は以前、兄の梅太郎宛の手紙に、

「井伊直弼は領民に対する哀れみの心を持った名君である。」

と評したこともあったが、幕府大老となってからの井伊は別人となっていた。

彦根藩主としては善政が行えたのかも知れないが、幕府大老職となって権力を持ってからは、目の前の国全体の大きな難題に対しての政治的才覚は乏しかった。

井伊は強権発動を繰り返して、

「改革派弾圧こそが幕府を守ることである。」

と決め込んだ暴君と化していたのである。

松陰は二回目の評定を受けたが、

「ご老中間部様の暗殺を企てたというのは、本当のことか。」

と吟味役に聞かれ、

「諫言を考えたこともあったとは言いましたが、計画も実行もしておりません。私は萩の田舎で、ずっと謹慎の身でありましたから、一体何ができましょうか。」

と答えた。
松陰はこの時点では、まだ助かる可能性を感じていた。
奉行は、
「梅田雲浜との謀議や、京都での策略のことはどうか。」
と同じことを繰り返ししつこく迫ってきた。
そしてまた別の奉行が、
「前回の調書に、ご老中の暗殺を企てたと、書いてあるではないか。」
と繰り返した。
「企てたのではなく、考えたこともあったと申し上げたのです。
全て何を実行した訳でもなく、身に覚えのないことです。
ただ少しばかり、幕府老中に諫言を申し上げたかっただけです。
世のためなら、命を賭けなければならない時もありましょう。」
と松陰は無実を主張していた。
しかし奉行は、
「謀議、策略、ご老中の間部様の暗殺を企てた疑いが強い。
特にご老中が話を聞かなければ、刺し違えて死ぬ覚悟とは聞き捨てならん。」
と言ってもいないことを調書に書き残したため、疑いは晴れなかった。
しかも押し問答の中で松陰が述べた、

「アメリカとの外交交渉。

諸外国との交易の計略。」

などは調書に書かれておらず、勝手に、

「国力を充実させてから、諸外国を排除すべきである。」

と奉行に都合のいい作文を調書に書かれていた。

井伊直弼の朱書

その頃牢内には、福井藩主・松平春嶽の側近として登用されていた橋本左内もいた。

橋本は十五歳の時に志を記した著書［啓発録］を書くなど、松陰同様に天才の名を欲しいままにしていた。

橋本は福井藩の藩医であったが、時世が緊迫を深める中、医学の道を捨てて藩政に身を投じていた。

橋本は十四代将軍継嗣問題では藩主・松平春嶽の意を実現するために、京都で一橋慶喜擁立運動の朝廷工作を展開した。そして、何としても春嶽を大老の座に持ち上げて、幕政を改革したいと考えていた。

しかし、幕政の現状維持を通そうとする井伊にとって、春嶽や橋本の幕政改革の思想が邪魔だったのである。

奉行から橋本への裁定は、

「松平春嶽が一橋派として暗躍するのを助け、朝廷工作したため遠島とする。」

であった。

しかし井伊は、

「公儀を蔑《ないがし》ろにしたことは不届きである。よって、橋本左内を斬首刑とする。」

と朱書して厳罰に変更した。

橋本をはじめ何人もが奉行からの裁定を死罪に変更された。

橋本には十月七日に斬首刑が執行され、小塚原の回向院に埋葬された。

松陰は四歳も若い橋本の英才ぶりを聞き及んでいて、

「橋本さんとは最後まで顔を合わすことも、言葉を交わすこともなかったが、稀にみる英才と聞く。一度会って、じっくりと話をしてみたかった。

死罪になるようなことは何もやっていないのに、大老の井伊直弼はそんなに改革が怖いのか。」

とその死を悼み憤った。


安政六年八月の水戸藩重臣への大弾圧を皮切りに、何人もがこのような極刑となり容赦なく執行されていた。

幕府の評定所で吟味掛かりの奉行が裁定を出すのであるが、最終的には井伊の元へ報告された。

井伊は片っ端しから判決を朱書で書き換えて、遠島との判決も井伊の元に行けば死罪と書き換えられたのである。

梅田雲浜は激しい拷問にも何一つ口を割らず、安政六年九月に獄中で病死したが、病死しなければ斬首刑であったことは間違いなかった。

松陰は七月九日の取り調べで余計なことを口走ったため死を覚悟したが、九月五日と十月五日の取り調べが緩やかであったため、助かるのではないかと糠喜《ぬかよろこ》びした。

ここで死なければ、まだ情熱を衰えさせずに猛を行えると、一縷《いちる》の望みを持ったのである。

松陰への判決下る

松陰は十月十六日に、四回目の評定を受けたが、奉行の調書読み聞かせの内容はこれまでと変わりなく、次第に松陰の苛立ちは増幅していった。

奉行は謀議・策略・老中の間部の暗殺計画についての尋問を、相変わらず繰り返した。

「お奉行、何度聞かれても答えは同じです。前言撤回もなければ、嘘偽りもございません。ご老中・間部様には命懸けで諫言したいと考えたことがあるだけで、計画も実行もしてはおりません。私はひたすら日本国の行く末を想って、命懸けで改革を訴えているだけです。もうそろそろ幕府が目を覚まさないと、この国は亡びてしまうのです。」

と訴え続け、奉行たちと激しく言い争った。

しかし、このところの何人もの理不尽な死罪に、

「多くの者が死罪という重い刑罰を受け続けている。もはや私も死罪は免れないだろう。言い争っているのは決して命が惜しいからではなく、奉行たちの企みに屈しないためだ。言うだけのことは言って、後は潔く死を迎えるのみだ。」

と覚悟を決めていた。

井伊直弼は変革の思想を恐れて、幕府の威光と存続のために、志士たちの存命を許さなかった。

井伊は判決を極刑に書き換えながら、

「反幕の者たちはたとえ公家の家臣であろうと、御三家水戸藩の家老であろうと、この手で根絶やしにしてやる。

幕府を守るのが大義だ。この直弼に逆らう者は許さん。」

と意気込んだ。

幕府内でも幕臣が井伊の方針に反対をすれば、即座に左遷や罷免になるという強硬なやり方で、孤立を深めながらも大獄に猪突猛進していた。

奉行が裁定した松陰の罪状は、

「かつて黒船での密航を企てて、蟄居の命に背き尊皇の志士たちを唆した疑いが濃厚である。

その上、獄中の牢人の分際で、公武合体など国政の策を論じ続けた。

また、ご老中・間部様の暗殺まで企図したこともあるという。

よって、吉田寅次郎を流罪とする。」

であった。

しかし井伊は、

「老中・間部の襲撃を画策するとは、公儀を憚らぬ不敬の至りだ。

よって、吉田寅次郎に斬首刑を申し付ける。」

と朱書を入れて裁定を書き直した。

井伊は、

「幕藩体制の堅持こそが社会秩序じゃ。こ奴も葬り去ってやる。」

と呟いて筆を置いた。

遺書「留魂録」

松陰の耳には、次々に志士たちの処刑の報せが入ってきた。

「もはや私も助かる道はないだろう。」

と父母・兄・叔父に別れの手紙を書いた。

「私は未だに学問も浅く、誠を尽くしても世の中を変えることができずに、最期を迎えることとなりました。皆様に悲しみを与えてしまうことをお許しください。」

と書き、

「親思う心にまさる親心
今日のおとずれ何ときくらん」

との句を書いた。

「子が親を思う心より、親が子を思う心の方が遥かに深いものです。今日の私の死を、一体どんな気持ちで聞くのでありましょうか。親に先立つ親不孝をどうかお許しください。」

との思いを込めた。

そして、

「自分の死後、首は江戸に葬って、故郷の萩には愛用の硯を祀ってください。墓石には［松陰二十一回猛士］と彫っていただきたい。」

と書いた。

飛脚から手紙が届けられたのは、松陰の死後数日が経っていた。

そして、斬首が執行される前日にかけて、渾身の力で思想を受け継ぐ弟子たちに宛てて遺書の［留魂録］を書いた。

何としても塾生たちにこの遺書が届くようにと、同じものを二通作成した。

一通は牢名主の沼崎吉五郎から門弟の飯田正伯に渡り、萩の高杉晋作らの元に送られた。

門弟たちは書写して、亡き師の教えを胸に刻んだ。

もう一通は沼崎に託して、沼崎は三宅島に遠島となったが、褌の中に隠し持ち最後まで［留魂録］を守り通した。

その後、明治七年（１８７４年）に沼崎は東京に戻り、明治九年（一八七六年）に神奈川県権令となっていた野村靖に手渡した。

牢名主という立場ではあったが、松陰と心通わせていた沼崎は、何と十七年もの間［留魂録］を守り続けたのである。何としても塾生たちに遺したかった松陰の執念が実ったのである。

松陰は［留魂録］の冒頭に、

「身はたとい武蔵の野辺に朽ちぬとも
留め置かまし大和魂」

との辞世の句を書き入れたが、
これは高山彦九郎の辞世の句、

「朽ち果てて、身は土となり墓なくも、心は国を守らんものを」

を手本としたものであった。

また、四十六歳で自刃した高山の戒名は「松陰以白居士」であり、後年の寅次郎が松陰を名乗ったのも奇遇であった。

松陰は、

「私はもう間もなく死罪となり、遺体はこの武蔵の国の野原に捨てられて、朽ち果てるのかも知れない。

しかし、この日本人としての魂は必ずここに遺していく。どうか塾生たちは、この志を受け継いでほしい。」

と自分の思想を受け継いで、果たせなかった革命を実現してほしいとの想いを込めた。

松陰は［留魂録］に第一節から第十六節まで、これまでを振り返っての考察と、今後意見を交わし行動を共にしてほしい多くの同志の名を書き連ねた。

第八節には、

「私が死に直面して、穏やかにその時を迎えられるのは、人生を四季に例えてみたからである。

春に種をまき、夏に稲を植え、秋に収穫して、冬に貯蔵する。

人々は収穫を喜び、歓声を上げるが、それを悲しむ者はいない。

私はまだ稲が実っておらず惜しい気もするが、私の人生では今、実りの時を迎えていて、何ら悲しむものではない。

十歳なら十歳の、二十歳なら二十歳の、三十歳なら三十歳の四季がある。

五十歳でも百歳でも相応の四季がある。

十歳が短い訳でもなく、百歳が長い訳でもない。

私が残した未来への種子を同志が受け継いでくれれば、私の人生は実り豊かなものだったと言える。

同志はこの種子を絶えさせることなく、よく考えて活動してほしい。」

と書いた。

これまでもそうであったように、自らが行動できない代わりに、弟子たちに志の大成を託したのである。

最後に「書きつけ終わりて後」と後書きを記し、五首の歌を書き入れた。

最後の句に、

「七度生まれ変わっても、外敵を撃ち払う心は忘れることはない。」

との意の句で締めくくった。

この時点では松陰は尊皇攘夷の想いを究めていたが、もし生きていたら時々の世情に敏感に反応して、諸外国との友好な関係構築に走り始めたはずである。

学びに学んで、時代変化には即応していくのが松陰の凄さであった。

伝馬町牢屋敷では牢役人が午前八時に、

「今日はご沙汰はないぞー。」

と触れ回る風習があった。

それは、今日は死罪がないことを知らせるもので、それに応えて囚人たちが一斉に「ワーッ」と大歓声を上げた。

牢屋敷の外側に巡らされていた堀の周辺には、庶民が暮らす町屋が立ち並んでいた。

住民には朝の大歓声が煩《うるさ》く、また歓声がなければないで、誰かが斬首になるということで嫌な気分にさせられたのだ。牢屋敷の近くには庶民が暮らしたがらなかったため、周辺の地価は著しく安かった。

安政六年十月二十七日朝、牢屋敷からの歓声は上がらなかった。

松陰は何首も書いた辞世の句を、まだ牢内で書き続けていた。

そこに役人がやってきて、

「吉田寅次郎、評定所から呼び出しだ。」

と告げられた。

「今朝は歓声が上がらなかったな。いよいよその時が来たか。」

と思いながら、

「この程にー
思い定めし出立《いでたち》はー
今日聞くこそー
嬉しかりけるー」

との句を詠んだ。

今から死刑が言い渡されることを、今日聞けたのは嬉しいと言ったのである。

死ぬ覚悟はできているし、遺書の留魂録も二部書いて牢名主に託したし、そして自分の魂は生き続けると確信を持っていたのだ。

松陰は評定所に着いて着座すると、周囲の役人に軽く会釈した。

松陰は別人のような鋭い眼光で、奉行の目を見据えたため、その凄みに奉行も一瞬たじろいだ。

そして奉行から、

「吉田寅次郎に斬首を申し付ける。本日昼に執行いたす。立ちませい。」

と斬首刑が言い渡されたが、松陰は淡々と受け止めた。

松陰は伝馬町牢屋敷に戻される前に、『留魂録』の冒頭に書いた、

「身はたとい――

武蔵の野辺に朽ちぬとも――

留め置かまし大和魂――」

を謳い、続けて、

「われいま国のために死す――

死して君親に負《そむ》かず――

悠々たり天地の事――

鑑照、明神に在り――」

との句を朗々と謳い上げた。

「私は今、国のために死ぬ。死んだとしても、主君や親に背いてはいない。今後も世の中は脈々と営みを続けるだろう。私の正しさは神様がしっかりと見ている。」

という言葉の迫力に、奉行たちはその場を動けず、その凄みにただ粛然と聞いていた。


伝馬町牢屋敷に戻されて、裏門横の奥まった処刑場で、これから刑が執行される松陰だったが、

「この志は弟子たちに全て託し終えた。ここに気高い日本人の魂を置いていく。」

との想いを浮かべながら、落ち着き払っていた。

処刑場までの松陰の足取りは堂々としていて、見ていた役人たちも驚いていた。

普通はほとんどの者が処刑の前に取り乱すからであった。

松陰は役人に向かって、しっかりした声で一言、

「御苦労様。」

と言って座った。

幕府や大名の刀剣の試し切り役を務めていた山田浅右衛門は、死刑執行人も兼ねていたため首切り浅右衛門とも呼ばれていた。

山田は、死に際しても平静で潔い松陰の姿に胸を打たれた。

そして松陰の左側に立つと同時に、強く刀を振り下ろした。

ドスンと鈍い音がして首が落とされたが、山田は地面に転がった松陰と目が合った気がした。

「実に見事な最期であった。」

と刀の血を拭い、

「最期に取り乱す者が多いのに、立派な覚悟であった。このように潔い者は、なかなかおらんな。」

と呟きながら控えの間に下がっていった。

山田はこれまで斬首刑の執行前に取り乱す者を多く見てきた。

山田は、

「いよいよ首を斬る時の刹那の態度は、実に天晴《あっぱれ》なものであった。

悠々として歩いてきて、役人どもに一礼して、御苦労様と言って座った。

その一糸乱れぬ堂々たる態度は、幕吏も深く感嘆していた。」

とその様子を後々回顧した。

武士の名誉を保つという切腹の場合は、割腹の後、即死できないで醜態を見せることのないように、背後から介錯人が首を斬り落とした。

切腹を許されない者は、斬首刑として首を刎ねられた。獄門となれば、斬首刑の後に遺体は試し斬りにされ、見せしめとして刎ねた首を台に載せて、三日間さらし首にされた。

処刑された罪人の死体は、山田浅右衛門家が拝領することが許されていた。

死体を刀の試し斬りに使い、収入を得ていたのである。

しかし山田は、

「吉田寅次郎の遺体は、小塚原《こづかっぱら》の回向院に葬ってやれ。」

と言い残して帰って行った。

山田は松陰の潔さに心を打たれて、遺体にこれ以上の傷を負わせることができなかったのである。

斬首の報せ、慶親の涙

すぐに慶親に、

「殿、本日昼に吉田寅次郎が斬首されました。堂々たる立派な最期であったそうです。」

と報告された。

慶親もそれなりの覚悟はしていたが、いざ報告を聞くと、

「うん、分かった。少し牢番に金を握らせて、遺体を引き取ってまいれ。」

と指示した。

そう言ってから、人払いしてしばらく嗚咽を上げて泣いた。

「井伊直弼め、この恨みは生涯忘れんからな。」

と絞り出すような声で言った。

慶親の指示を受け、門下生の飯田正伯と尾寺新之丞が伝馬町牢屋敷に向かい、松陰の遺体の下げ渡しを願い出た。

牢番から下げ渡しを渋られたため、こっそりと賄賂の金を握らせた。

牢番は、

「遺体は四斗桶に入れられ、小塚原の回向院に運ばれた。

回向院に埋葬するのは黙認するが、上に石を置く程度にしろ。」

と言い、やっとの思いで遺体の埋葬を承諾させた。

長州藩江戸屋敷で、飯田は桂小五郎（後の木戸孝允）と伊藤利助（後の博文）に報告し、埋葬のための大甕と石を準備した。

処刑の翌々日に、桂・伊藤・飯田・尾寺の四人が大甕と石を持参して回向院に出向いた。

四人は遺体と対面し、柄杓《ひしゃく》の水で血を拭い髪を整えた。

伊藤は師の遺体の首と胴を、柄杓の柄を当てて繋ごうとしたが、役人に咎められた。

遺体は裸であったため、それぞれが泣きながら自分の衣服を着せて、最期に伊藤が自分の帯を遺体に巻いた。

嗚咽を上げながら遺体を大甕に入れて、橋本左内の墓の隣に埋葬し、そっと上に石を置いた。

桂小五郎は藩邸に戻り、

「殿、松陰先生を回向院に埋葬してまいりました。

残念ですが、首と胴を繋ぐことは許されませんでした。」

と慶親に報告した。

「そうか、ご苦労であった。寅次郎の顔は無念そうではなかったか。

私は毎日これまでを振り返りながら、これを阻止できなかった自分を責めておる。」

と慶親は嘆いた。

「殿には何の落ち度もございません。全ては井伊直弼が巻き起こした、この大獄のせいです。

松陰先生は首を刎ねられたとは言え、まるで生きているかのような穏やかな御顔でいらっしゃいました。」

と桂は涙を滲ませながら答えた。

慶親は、

「うん、そうか。寅次郎は気性の激しい奴であったが、死ぬ時に穏やかな顔ができたのであれば、まだ良かった。

来世はこのような時代でなければ良いがな。私は寅次郎とは七世の出逢いを約束したのだ。」

と言った。

桂は、

「七世ということは、まさか殿も松陰先生に弟子入りされていたということですか。」

と言って、その先の言葉が続かなかった。

慶親は、

「私は寅次郎を死なせたくなかった。無念だ。」

と言い、二人とも沈黙のまま頬に伝わる涙を拭おうともしなかった。

第九章　長州藩、維新への道

松陰神社本社画像　（松陰神社所蔵）

松陰改葬と神格化

松陰は死後、小塚原回向院に葬られたが、文久三年（一八六三年）に一番弟子であった久坂玄瑞の建白により、世田谷の若林村の長州藩別邸に改葬され、墓碑に〔吉田寅次郎藤原矩方墓〕と刻まれた。

回向院にも〔松陰二十一回猛士墓〕と刻んだ墓石が残された。

その後、松陰の墓は長州征伐の際に、徳川勢によって一度破壊されたが、慶応四年（明治元年）、桂小五郎（木戸孝允）らが修復整備し鳥居を寄進した。

また、明治十五年十一月二十一日に、門下生によって墓の側に松陰を祀る松陰神社が創建された。

後に伊藤博文、木戸孝正、山縣有朋、桂太郎、乃木希典、井上馨、青木周蔵などが寄進した二十六基の燈籠が立ち並んだ。

一方故郷の萩では、死後百日目に生家の横に遺髪を納めた墓が造られ、明治二十三年（一八九〇年）、松陰の遺言により愛用していた硯と松陰の書簡を神体として祀った松陰神社が創建された。

また、後に久坂玄瑞や高杉晋作など、多くの門下生を祭神として祀る松門神社も創建された。

いかに時が経とうとも、松陰に対する尊崇の念は朽ちないのである。

戊午の密勅

松陰処刑の前年の安政五年八月五日付で、朝廷は長州藩に極秘の密勅を出した。

そこには、

「天下騒乱の兆しがある。もしも朝廷に事態の急変があった時、朝廷を守る忠臣がいない。」

と書いていた。

朝廷は幕府が井伊直弼を大老にして尊皇派を締め付け、また勅許なしで条約締結に動いたことなどに危機感を持っていた。そのため水戸藩に戊午《ぼご》の密勅《みっちょく》を下す前に、長州藩に密勅を出して朝廷の守護を求めてきたのである。

天皇が最も信頼を寄せていたのは、勤皇の長州藩であり、皇族の血を引く毛利慶親であった。

そのため、水戸藩に戊午の密勅を出す前に警護を要請しておきたかったのである。

その三日後、大老・井伊直弼の対応に憤った水戸藩士らが朝廷に働きかけて、孝明天皇から戊午の密勅を得た。

戊午の密勅の内容は、

「勅許なく日米修好通商条約に調印したことへの厳しい咎めと、詳細説明の要求。

御三家および諸藩は幕府に協力して公武合体を成しとげ、幕府は攘夷推進の幕政改革を遂行せよ。

この内容を諸藩にも通達せよ。」

ということであった。

朝廷は幕府に先んじて水戸藩に勅命を下し、強く幕府政治を非難した。

将軍の臣下である水戸藩に、朝廷から直接勅書が渡されたことに井伊直弼は激怒した。

「幕府を蔑《ないがし》ろにし、幕府の威信を失墜させようとしておる。たとえ御三家であろうとも、絶対に許さん。

勅書の内容は隠しておけ。水戸の重臣どもに思い知らせてやる。」

と安政の大獄の幕開けとなった。

井伊直弼は明らかに狼狽《うろた》えていて、この密勅を力で抑え込むことにしか考えが及ばず、なりふり構わず大獄へと猛進していったのである。

一方の水戸藩内でも尊皇攘夷論の改革派と、幕府との関係を重視する保守派の対立が激しかった。密勅への対応を巡り、改革派の中でも密勅の通りに勅書を諸藩に廻達すべきか、朝廷又は幕府に勅書を返納すべきか、二派に分裂して激しく対立していたのだ。

吉田松陰処刑の翌々月の十二月、幕府は朝廷に強い圧力をかけ、水戸藩に対しては勅書を幕府に返納する事を命じた。

水戸藩は幕府から陰謀の疑いを掛けられて、すでに家老を切腹させられていた。

その上、続けざまに京都留守居役を斬首、京都留守居役助役を獄門、勘定奉行を遠島、徳川斉昭は水戸での永蟄居という重刑を受けていた。永蟄居というのは生涯謹慎を解くことはないという厳命であり、井伊が幕政を完全に牛耳っているという証であった。

井伊は御三家である斉昭の政治生命を絶つことに躍起になっていたのである。

安政七年一月十五日、江戸城に登城した水戸藩主・徳川慶篤《よしあつ》に対し、井伊は重ねて勅書の返納を催促した。そして一月二十五日を期限として、遅延すれば違勅の罪を斉昭に問い、徳川御三家の水戸藩を取り潰すとまで脅してきたのである。これは反幕の水戸藩士を決定的に憤激させ、水戸藩は事態の収拾がつかず大混乱に陥った。

水戸藩内では返納反対論者と返納容認論者とが激しくぶつかり、襲撃事件などの紛争が繰り返された。

前藩主・斉昭は水戸で永蟄居させられていたが、この事態を重く見て勅書を隠すことにした。

勅書を水戸城内の祖廟へ一旦納めさせた後、更に遠い歴代藩主の墓へ隠したのである。

桜田門外の変

二月になって、水戸藩を脱藩した高橋多一郎や金子孫二郎を中心として、井伊直弼襲撃の謀議が繰り返された。

襲撃者たちは、先に江戸入りしていた者、単独や数人で連れ立って水戸から江戸入りした者と様々であったが、二月中には江戸に入り決行に向けて分散して待機していた。

幕府の警戒が日ごとに厳しくなる中、襲撃者たちは町奉行の目をかわすのに苦心しながらも決行の時を待った。

金子孫二郎は三月一日に襲撃隊の主要な者を、日本橋西河岸の山崎屋に集めて最終謀議を行った。

そして井伊直弼襲撃は三月三日とし、登城中の井伊を桜田門外で襲うという、最終的な決断を下して襲撃の役割分担と斬り込み隊の配置を綿密に定めた。

翌日の二日夕刻に、品川宿の相模屋で襲撃参加者の訣別の酒宴が催されたが、全員が一堂に会すのはこれが最初で最後であった。襲撃の機会は一度きりで、失敗すれば井伊の暴政は止められないと血の結束を誓い合ったのである。

翌朝までに降った雪が積もり、桜田門辺り一面はすでに白い雪に覆われていた。

雨混じりの小雪が散らつく中、襲撃者たちは江戸町民らに混じり、大名駕籠見物を装いながら待機した。

午前八時に江戸城内から登城を告げる太鼓が響き、その合図と共に、諸侯の行列が次々と桜田門を通って江戸城内に入って行った。

水戸脱藩浪士十七名と薩摩藩士の有村次左衛門の計十八名は、平静を装いながら井伊の駕籠を待った。

尾張藩の行列が見物客らの前を過ぎた午前九時頃、彦根藩邸・上屋敷の門が開き、井伊の行列が出てきて内堀通りを進んだ。

降り続く雪のため視界は悪く、彦根藩護衛の供侍たちは雨合羽を羽織っていて、刀の柄・鞘共に袋を掛けていた。

この身拵《みごしら》えでは鞘袋が邪魔になり、即座に抜刀することはできず、襲撃されてもすぐには反撃できないため、襲撃側にとっては好都合であった。

まず初めに、水戸浪士の森五六郎が直訴に見せかけて行列の先頭に飛び出した。それを制止しようとした護衛を襲い、顔に一太刀を浴びせて倒し、それを見た他の護衛たちは前方に気を取られた。

次の瞬間に、水戸浪士の黒澤忠三郎が井伊の籠に向けて短銃を撃った。

弾丸は井伊の腰部から太腿に命中し、井伊の動きを封じた。

これを合図に浪士たちは一斉に抜刀し、全方位から駕籠への襲撃を行った。撃たれて重傷を負った井伊は駕籠の中から動けず、駕籠かきや供回りの彦根藩士の多くは狼狽して逃げ惑っていた。

駕籠を守ろうとした者も鞘から刀が抜けないままに斬り倒されたり、素手で刀を掴み指を切り落とされるなど、凄惨な戦いで辺りの雪は血に染まっていった。

襲撃者の中にも彦根藩の剣豪に斬られる者もいて、激しい戦闘が十分ほど続いた。

襲撃者たちは駕籠に何度も刀を突き刺した後、瀕死の井伊の髷《まげ》を掴んで駕籠から引きずり出した。

自顕流《じげんりゅう》の使い手であった薩摩の有村次左衛門が、自顕流独特の「猿叫《えんきょう》」と呼ばれる「キエーッ」という叫び声を上げた。その瞬間、長大な野太刀を振り下ろして、井伊の首を一太刀で斬り落としたのである。

有村は井伊の首を刀の切っ先に突き立てて持ち上げたが、その有村自身も後ろから斬られて後頭部に重傷を負い、井伊の首を引きずりながら逃走した。

深手を負っていた有村は、若年寄・遠藤胤統《たねのり》邸の門前に井伊の首を置き力尽きて自決した。

井伊の首は幕閣・井伊家・遠藤家が協議の上で井伊家に返され、藩邸で胴体と縫い合わされた。

井伊家は、

「主君は負傷し、自宅療養中。」

として秘匿し、幕府も二ヶ月の間、井伊の死を公表しなかった。

その間に幕臣たちは井伊家の跡目相続を認め、彦根藩士による仇討ちを防ぎ、更なる争乱の激化を防ぐことに腐心していたのである。

しかし、襲撃後にも他の大名駕籠が続々と通り、戦闘も鮮血に染まった雪も多くの見物人が目撃しており、大老暗殺はたちまち江戸市中に知れ渡っていた。

井伊には以前より襲撃計画の情報がもたらされていた。

その上、当日の未明にも警告の書状が届いていたため、井伊直弼は明らかにこの書状を目にしていた。

しかし、江戸幕府の歴史上、江戸城下で大名の駕籠が襲われた事件など前例もなかったし、また井伊は護衛を強化すれば失政で怖気づいているとの批判を招くとも考えた。

彦根藩邸から桜田門まではほんの四〇〇メートルほどのため、護衛を強化することなく彦根藩の行列は総勢六〇人程という通常の体制だった。

明らかに井伊は、大老としての自尊心と油断によって討たれたのである。

強権の大老・井伊直弼暗殺の報せは、全国各地を駆け巡っていった。

桜田門外の変によって、大老・井伊直弼の専制政治は破綻したのである。

七年後の大政奉還・明治維新に向けて、時代は突き進んでいくことになった。

長州藩、攘夷決行の下関戦争

松陰の父・百合之助は杉常道《つねみち》を名乗っていたが、文久三年（一八六三年）に当職内用方と盗賊改方を兼務した。

また、兄・梅太郎は御蔵元役所本締役、民政主事助役などを歴任して、藩主・慶親より功労により杉民治《みんじ》の名を与えられた。民治は廃藩置県後も山口県の要職を務め、松下村塾を再興した。

父も兄も松陰の大獄での罪や刑罰によって、翻弄されながらも要職を務めあげたのである。

毛利慶親が藩主となってから二十六年が経ったが、孝明天皇の強い要望により、将軍・徳川家茂《いえもち》は五月十日をもって攘夷実行を約束した。

その頃幕府は、薩摩藩士や攘夷派志士が起こした「生麦事件」と「第二次東禅寺事件」の損害賠償交渉に追われていたため、天皇への苦し紛れの約束であった。

そのため幕府は、孝明天皇との約束に背いて諸藩に対し、

「攘夷を決行すれば諸外国との勝ち目のない戦争となり、その損害は計り知れない。」

という趣旨の通達を行い、自重を促していた。

そして攘夷期日の前日に、幕府は賠償金四十四万ドルをイギリスに支払った。

幕府は各国公使に文書で、

「開港場の閉鎖と外国人の退去」

を通告して攘夷実行の体裁を整えようとしたが、同時に口頭で、

「これは建前で、本当は閉鎖をする意志はない。」

と苦し紛れに取り繕っていた。

明らかに狼狽《うろた》えていた幕府は、その九日後には文書にて閉鎖の撤回を通達した。

幕府は朝廷に対しては鎖国続行の建前を守った振りをしたが、海外列強の軍事力を恐れて軍事行動による攘夷は行えなかったのである。


ところが長州藩の支藩である長府藩主・毛利元周《もとちか》が躊躇する中、久坂玄瑞らの強硬派が攻撃を主張した。

松陰の一番弟子である久坂は、秘密裏に藩主・慶親の内諾を得ていたのだ。

長府藩は馬関海峡を封鎖し、航行中のアメリカ・フランス・オランダ艦船に対して無通告で砲撃を浴びせかけた。

約半月後、アメリカ・フランス軍艦が報復に出て、馬関海峡内に停泊中の長州軍艦を砲撃し、長州海軍は壊滅的な打撃を受けた。

しかし長州藩は砲台を修復した上、対岸の小倉藩領の一部も占領して、新たな砲台を築いて海峡封鎖を続けた。

長州藩が強硬な攘夷の姿勢を崩さなかったため、馬関海峡は通航不能となっていた。

その頃、イギリス留学をしていた長州藩士・伊藤俊輔（後の博文）と井上聞多《ぶんた》（後の馨）は、連合軍による下関攻撃が近いと知らされた。

「どう考えても、国力・軍事力共に連合軍に勝てる訳がない。戦争を止めさせなければ、長州が滅びる。」

と伊藤たちは帰国を急いだ。

留学先で見聞すればするほど、イギリスと戦争をしても絶対に勝てないことを痛感していたのである。

当時の長州藩重臣は強硬派が占めていて、藩主・慶親も帰国した二人の諫言は聞き入れなかった。

翌年七月、前年からの馬関海峡封鎖で多大な経済的損失を受けていたイギリスは、フランス・オランダ・アメリカの三国に参加を呼びかけ、十七隻の連合艦隊を編成した。

艦隊は下関と彦島の砲台を徹底的に砲撃し、各国の陸戦隊が砲台を占拠し破壊した。

連合軍との圧倒的戦力差によって、長州藩は下関戦争に敗北したのである。


高杉晋作は京都での政変で急進派公卿と長州勢が一掃されたことで、自らも京へ攻め入ろうとして野山獄に監禁されていた。

しかし、下関戦争で惨敗した長州藩は、戦争講和の使者に高杉晋作が妥当と判断した。

そのため三ヶ月足らずで、高杉を野山獄から出獄させて講和に当たらせた。

慶親は、

「どうする、高杉。法外な賠償金など、払う金はないぞ。」

と敗北の悔しさを滲ませながら言った。

高杉は、

「殿、この戦争は幕命に従っただけでございます。

長州藩が全責任を負うなどというのは、お門違いもいいところです。

仮に要求を呑んだとしても、賠償金は幕府が支払うのが筋というものでしょう。」

と毅然として答えた。

「うん、分かった。お前の言う通りだ。任せたぞ。」

と慶親は高杉に講和の交渉役を託した。

高杉は家老の養子・宍戸刑部《ししどぎょうぶ》と名乗り、イギリス軍旗艦のユーライアラス号に乗り込んで、イギリス軍のキューパー司令官との談判を行った。

キューパー司令官は、

「下関海峡の外国船の通航の自由。

外国船舶の必需品である石炭・食物・水などの売り渡し。

悪天候時、船員の下関上陸の許可。

下関砲台の撤去。

賠償金三百万ドルの支払い。」

の五条件を提示した。

高杉は踏ん反り返って聞き、

「分かった。それで講和することにしよう。」

と出された要求を呑んで講和を成立させた。

キューパー司令官は、あまりにも簡単に要求が通ったため少し拍子抜けした。

しかし高杉が、

「ただし、賠償金は全額、徳川幕府が支払う。」

と言ったため安心した。

その後、長州藩は幕府に対して、

「攘夷の攻撃は幕命に従っただけである。損害賠償責任は長州藩にはなく、徳川幕府のみが負うのが当然である。」

と怯むことなく主張した。

慶親は幕府に対して、

「一切譲歩する気はない。」

と疾《と》うの昔に腹を括っていた。

ついに幕府側が折れて、長州藩の主張は通ったのである。

この一件で長州藩に建前で押し切られた幕府重臣は、長州に深い恨みを残すこととなった。

また、この敗戦を切掛けにして、長州藩は海外から新知識や新技術を積極的に導入して、軍備を近代化することに繋がったのである。亡き松陰が建白したことが、数年の時を経て実現した。

松陰の先見は、慶親が言ったように二歩も三歩も先を行っていたのである。

禁門の変と毛利敬親への改名

文久三年（一八六三年）八月、政局の主導権を巡り、開国派の薩摩藩と攘夷派に転じた長州藩の確執が深まった。

後に「八月十八日の政変」と呼ばれ、朝廷の実権を掌握した急進・過激攘夷派である三条実美《さんじょうさねとみ》らの公家と長州藩が政変を画策した。急進派公家と長州藩は、天皇を擁して幕府に攘夷の即時実行を迫った。

更に幕府に代わって、武力による攘夷を天下に号令しようとした。

そのため朝廷と幕府の公武合体を求める穏健攘夷派と開国派の連合が、急進派公家と長州藩の排除に動き、政変を阻止して京都から追放したのである。

元治元年（一八六四年）七月、京都を追放されていた長州藩勢力が、会津藩主で京都守護職・松平容保《かたもり》らの排除を目指して挙兵した。

京都御所の蛤御門付近で、長州藩兵と会津・桑名藩兵が衝突し戦闘が勃発し、大坂夏の陣以来の大名勢力同士の大規模な市街戦となった。

この武力衝突は「禁門の変」「蛤御門の変」と呼ばれ、大砲も投入された激しい戦闘の結果、京都市中は戦火によって約三万戸が焼失した。

一時、長州兵は京都御所内に侵入したが、乾門を守る薩摩藩兵が会津・桑名藩の援軍に駆けつけ、形勢は逆転となって敗退した。

ここから薩長の犬猿の仲は決定的となったのである。

久坂玄瑞は浪人隊を率いて奮戦したが、寺島忠三郎と共に鷹司邸内で互いに刺し違えて自害して果てた。

入江九一《くいち》（杉蔵）は、久坂から藩主への伝言を託されたが、この壮絶な戦いを切り抜けることができず、越前兵の槍を顔面に受けて命を落とした。

久坂二十五歳、入江二十八歳というあまりに早い死であった。

鷹司邸で戦死した久坂や入江らは、福井藩主松平春嶽の許可で、他の戦死者八名と共に福井藩の菩提寺・上善寺に手厚く葬られた。

志士たちは新しい国づくりのために一命を賭して戦い、皆若くして散っていったのである。

長州藩勢は敗北して、勤皇藩であったにも拘わらず、孝明天皇によって朝敵とされた。

毛利慶親は官職・位階を剥奪され、徳川家慶の「慶」の字も幕府に召し上げられ、毛利敬親《たかちか》と名を改めた。

毛利敬親と改名した藩主は、何食わぬ顔で、

「慶の字など要らんわ。元々が慣例による諱《いみな》だ。

慶親より敬親の方が良い名ではないか。」

と意にも介さず家老に語った。

「殿、敬親様の方が良いお名前ですな。ここは腹を括って、幕府に対抗してまいりましょう。」

と家老も答えた。

「長州藩は所領十万石の削減。敬親父子の蟄居。」

との幕命が下るが、長州藩はこれを無視して幕府との交渉は決裂となった。

朝廷は幕府に対して長州追討の勅命を発し、元治元年と慶応二年の二度にわたり長州征討を行った。

「禁門の変」により朝敵とされた長州藩に対し、幕府軍には三十五藩・総勢十五万人が動員され、第一次長州征討が開始された。

圧倒的に強大な幕府軍を恐れた長州藩は、

「禁門の変で上京した三人の家老を切腹。

四人の参謀を斬首刑。

三条実美以下、公家の五卿は追放。」

という降伏条件で開戦の開始を猶予するように請願した。

周布政之助は事態の収拾をつけられなかったことに責任を感じて、山口の庄屋・吉富藤兵衛邸で切腹して、四十二歳で果てた。

周布は死の直前に、

「私の遺体は道の近くに埋めてくれ。もし幕府が攻めてきたら、下から睨み据えて止めてやる。」

と言い遺した。

敬親は一旦恭順し萩に謹慎し、

「信頼していた周布も腹を切ってしまった。

寅次郎、お前が生きておったら、私に何と助言するであろうか。

私もこの身を捨てる覚悟はあるが、藩士や領民は守らなければならん。

寅次郎が言っていたように、目の敵にしていた薩摩藩や他藩との同盟を進めて、必ず討幕を果たすぞ。」

とこの激流の見定めを思い耽った。

第二次長州征討、幕府敗戦

萩での謹慎生活を送っていた敬親は、幾度も重臣に意見を求めて、藩の存亡の機への対処を検討したが、ついには討幕を目指すことに腹を決めていた。

討幕派の家臣たちを集め、

「長州は一致団結して幕府を倒す。他藩とも同盟して、幕府に対抗できる勢力をつくる。これがお前たちの師である吉田松陰の遺志でもある。私にできることは何でもするから、お前たちは軍備を整えて諸隊を作れ。藩士・領民の心を一つにして、必ずや討幕を果たすぞ。」

と徹底抗戦を命じた。

敬親の命を受けたのは、幕末・明治の政治史上に名を遺す高杉晋作・伊藤博文・山縣有朋・桂小五郎ら、吉田松陰（寅次郎）の弟子たちであった。

敬親は心の中で、

「寅次郎、これがお前の言う日本国のための決断だ。長州は幕府を潰して、日本国を守る。」

と奮い立った。

十二年前の黒船来航の際、吉田松陰が敬親に送った建白書には、

「徳川ではなく、日本を守ること。他藩との協力の必要性。」

が書かれていた。

その時にはまだ現実味が薄かったが、敬親は松陰の建白を片時も忘れていなかった。

「寅次郎、やはりお前は二歩も三歩も先を歩いていたのだな。お前の言った通りになってきたぞ。決してお前の死は無駄にはしないからな。」

と呟いた。

慶応二年（一八六六年）、この敬親の決断に大きな追い風が吹いた。

土佐の坂本龍馬・薩摩の西郷吉之助（隆盛）らの奔走により、犬猿の仲だった薩摩藩と長州藩は手を結び、薩長連合が実現したのだ。

敬親の決断通りに、薩長連合の力で幕府軍に打ち勝ち、幕府の第二次長州征討は失敗に終わった。

この幕府敗戦により、もはや幕府の力が大きく衰退していることが、日本中に知れ渡ったのである。

ついに薩長への幕府の干渉力は失われ、徳川幕府滅亡は確実となったのである。

王政復古と敬親の伝国の辞

その後、長州藩は高杉晋作らが結成した奇兵隊や、民間の軍事組織である長州藩諸隊を整備していった。

また、西洋式軍制のために大村益次郎を登用して、新型の大砲やゲベール銃・ミニエー銃など、新式兵器を配備して戦術転換などの大規模な軍事改革を進めた。

黒船来航時、日本の大砲の射程距離はアメリカの大砲の三分の一程しかなく、抗戦能力が著しく低かったが、新式兵器導入によって射程距離も命中精度も飛躍的に進化していた。

慶応三年（一八六七年）、長州藩はイギリスとの関係修復もして軍事力を高めていった。そして慶応三年十月に、長州藩はついに討幕の密勅を受け、薩摩藩らと共に天皇及び朝廷に属する官軍を組織した。

将軍家茂が死去し、後継として徳川慶喜《よしのぶ》が第十五代将軍となっていた。

薩長が武力倒幕に突き進むと予期した慶喜は、十月十四日に大政奉還を朝廷に上奏し、翌十五日に受理された。

慶喜は大政奉還後も政治の主導権を握ろうと考えたが、薩摩藩・長州藩が大規模な軍事動員を開始したため、慌てて征夷大将軍辞職も朝廷に申し出た。

長州藩主・毛利敬親父子の官位が復活され、入京の許可が出されて、岩倉ら公卿の蟄居も赦免され三条実美ら五卿の赦免も決められた。

そして薩摩・長州・芸州の三藩によって再び出兵が計画されたため、王政復古の大号令が出されて新政府樹立となった。

明治新政府軍が戊辰戦争に勝利し、日本の幕末・明治維新の動乱に終止符が打たれた。

明治元年六月に長州藩の復権が認められ、敬親は上洛して明治天皇に拝謁した。

明治天皇は、

「内外の大難を凌ぎ、今日の朝廷のために尽力してくれた。これも偏《ひとえ》に毛利敬親の至誠によるものである。本当に嬉しいぞ。」

と喜ばれ、記念品を下賜された。

同年九月、従三位・左近衛権中将《さこのえごんちゅうじょう》に叙されて参議を任ぜられ、続いて従二位・権大納言に叙せられた。

明治維新を成し遂げて、明治二年（一八六九年）一月、薩摩藩・土佐藩・肥前藩と連署の上、敬親は版籍を奉還し領地・領民を朝廷に返還した。

六月には養嗣子の毛利元徳《もとのり》と共に十万石を下賜された。

間もなく敬親は体調を崩し、家督を養子の元徳に譲り隠退した。

敬親は元徳に、

「今度こそ、戦乱のない世にしたいものだ。

私は臣下からそうせい候と渾名されておったが、これは実に都合が良かった。

人を見下すような者は徐々に本性を現し、次第に驕りを見せ始める。

お陰で私は人物や器量を見極めて、多くの人材を活用して政治を行うことができたのだ。

人の上に立つ者として大切なことは、己より優秀な者を使う器量と、民のために働くことを忘れないことだと、心してくれよ。」

と言い、続けて、

「寅次郎がよく言っていたことと、上杉鷹山公の「伝国の辞《でんこくのじ》」という藩主としての心得は実によく似ている。
一、国は先祖から子孫に伝えるもので、主君の私物ではない。
一、領民は国に属しているもので、主君の私物ではない。
一、主君は国や領民のために存在し行動するもので、国や領民が主君のために存在し行動するものではない。
これからお前は藩主ではなく、知藩事（県知事）となるが、呼び名は変わろうと、この大事な心掛けに変わりはないぞ。」

と言い残して隠居した。


その後、敬親の体調は戻らず、容体は重篤化していった。

敬親は明治天皇から、

「明治維新は緒に着いたが、まだまだ前途は遼かに遠いものである。

敬親は私の右腕となって、助けてくれよ。」

と言われていたことを気にしていた。

そのため敬親は、今際《いまわ》の際の力を振り絞り、遺表を元徳に口述筆記させ、

「五箇条の御誓文を守り、上京して天下にご奉公し、新日本国家の内政・外交に奮闘する覚悟でいました。

しかし、病状悪化のために、それも叶わぬこととなってしまいました。誠に残念でなりません。」

と朝廷へ献呈した。

その僅か二日後の明治四年三月二十八日、敬親は山口藩庁内殿で静かに五十三年の生涯を閉じた。

毛利敬親は吉田松陰を支え育てて、長州に多くの人材を遺させた。

また、幾度となくその人材の命も救いながら、積極的に登用していった。

時勢の変化に翻弄されながらも、長州藩を率いて幕末の激動を乗り切った名君中の名君であった。

あとがき

私は本書原稿を一通り書いてから、久し振りに山口・萩を訪ねて、東京に帰ってから加筆・修正を加えようと考えた。

松陰や毛利敬親、松陰の父・兄・叔父や高杉晋作、金子重之助、村田清風など多くの墓参に回った。

松陰神社・東光寺・萩博物館・至誠館大学、野山獄跡・岩倉獄跡などを歩き回り、江戸時代から大きくは変わっていないという、萩の街並みや地形など、その時代にタイムスリップしたような気分も味わった。

また、萩焼の三輪清雅堂4代目当主の三輪正知さんを訪ねた。

ここで素晴らしい萩焼を拝見することも然ることながら、松陰遺愛の茶碗、高杉愛用の盃、高杉自筆の書画、高須久子が松陰を想う歌を刻み込んだ茶碗を拝見したいと考えていたからだ。

残念ながら、高須の茶碗は研究機関に貸し出されていたが、その他は惜しみなく見せていただいた。

また、大変貴重で高価な茶碗で、抹茶も一服いただいたことも重ねて感謝申し上げたい。

松陰が江戸送りで最後に萩の町を見た「涙松の碑」に立ち、峠から見える景色に松陰の気持ちを想い感傷に浸った。

山口県立博物館に移動中、車のナビゲーションが突然案内経路を変更したので従ってみることにした。

通常、ナビは大きい道を選ぶはずだが、何故か細く狭いワインディングロードが続き、その道こそが松陰が唐丸籠で護送された道であることがわかった。

松陰が、

「せっかくならこの道を通ってくれ。」

と誘っている気がした。

松陰は安政六年十月二十七日に伝馬町牢屋敷内の処刑場で斬首されたが、私は最後の評定の前の様子を知りたいと思った。

そこで私は山口県文書館《もんじょかん》に行き、江戸遊学中の手紙と安政六年十月に入ってからの書簡の現物を閲覧させていただこうと考えた。

書かれた内容も然ることながら、その実物の筆致からも松陰の心理を感じ取りたかったからである。

有り難いことに、歴史的重要文書が厳重に保管されている奥の書庫から、桐箱に入れられた実物を出していただいた。

博物館等でのガラス越しの展示ではなく、文書館の大テーブルの上に広げていただいた正本を、二十センチの間近の距離で見せていただいたのである。

身の震えを感じながらも、三十分以上じっと見ていた。


嘉永四年六月、兄・梅太郎に宛てた手紙の筆致は、熊本藩の横井小楠が諸国遊学中に萩にも立ち寄るつもりらしいので、宮部鼎蔵と私がその旨一筆書きますので宜しくと、大きな文字で激しく荒々しく書かれていた。

松陰の内閉された激しい性格は数々の手紙の筆致に現れていて、激高しては落ち着きを取り戻すということが一通の手紙の中でも繰り返されている。

松陰はすでに横井小楠の力量を知っていて、しっかりと面倒を見てほしいことと、藩の重臣に面談させたいと兄に願ったのである。

松陰がロシア船での密航を企てた時、熊本で丸三日間横井と話し込んだことからも、横井が訴えていた幕府・藩を越えた統一国家の必要性と外国との通商貿易の必要性など、大いに肝胆相照らす相手であった。

また、藩医の息子に生まれ、松下村塾に学んだ門弟の飯田正伯に宛てた手紙は、処刑の二十一日前の十月六日に書かれたものであった。

前日に三回目の評定が行われたが、前回同様穏やかな取り調べであったことから、助かる希望も匂わせているが、橋本左内の死罪が翌日に迫っていることが不安材料となっていた。

またこれは、年上であった飯田正伯を「飯正老兄」と宛名に書いていて、年長者への気遣いも感じる。

何よりそれは借用状であったため、丁寧な書き出しと感謝の気持ちが滲み出ていた。

また、牢内では牢番への賄賂や牢名主に渡す金が必要であり、飯田からの二両と高杉晋作からの六両と合わせて八両の借用状となっていた。

無理を頼んだ申し訳なさも綴っていたが、毎日何人もの門弟たちに手紙を書き、それを届けるためには金が要るのである。

また、沢庵一桶四斗樽、煮醤油一樽、干し魚五百枚、飯を一斗五升他、数種の食べ物の差し入れを桶単位で大量に求めていた。

これは金や大量の食べ物の差し入れで、最後まで牢内での自分の地位を高めておき、牢名主の沼崎吉五郎との関係を良好に保ちたかったためであろう。

とにかく自由に執筆に専念でき、手紙の発送などに融通が利くようにする必要があったのである。

そして、すでにその時点で、いざ処刑となった場合には、遺書の「留魂録」を確実に残そうと考えていたはずである。

二部書いた「留魂録」の一部を、牢名主の力を使い、沼崎から飯田正伯に渡してもらい、もう一部を沼崎自身に託して、何としても守り通すことを約束していたに違いない。

私の私見では、この頃すでに「留魂録」の全十六節の内、ある程度は書き進めていたのではないかと考える。

毎日何人もの門下生に書いている手紙にも、

「留魂録」の内容との重複も多いが、何としても「留魂録」が確実に門下生の手に渡るよう、周到に準備していたはずである。

「至誠を尽くしていれば、必ず門下生たちは志を継いで、行動を起こしてくれる。」

という、身を賭して世の中を変えるという信念を貫徹するものである。

結果的に「留魂録」の一部は、牢名主の沼崎から飯田正伯に渡り、高杉晋作や久坂玄瑞などの何人もの弟子たちが写本して伝えている。

また、沼崎は三宅島に流罪となったが、「留魂録」を褌の中に隠し持ち、流罪の中でも、十七年もの間この遺書を守り通した。

そして神奈川県令（知事）となっていた野村靖に届けたのである。

沼崎と松陰が牢名主とナンバー2という関係以上であったことは、想像に難くない。

沼崎は牢内で松陰から「孫子」や「孟子」の教えを受けていることから、沼崎もきっと松陰に弟子入りしていたに違いない。

現存する「留魂録」の正本は、このシミだらけになったものだけが、野村靖から萩の松陰神社に奉納され厳重に保存されている。

多くの人々の犠牲や苦労の上に、我々は現代社会に生かされていることを実感するのである。

私の座右の銘は、「恭しき出逢いが人生を創る」である。

毛利敬親との出逢いなくして吉田松陰はないし、吉田松陰なくして毛利敬親の幕末の激動期の大決断もなかったはずである。

また、佐久間象山などの数々の師との出逢いに触発され、後年に活躍した弟子たちとの出逢いと思想の伝授も然りである。

人生はその時々に出逢った人によって、大きな影響を受ける。

改めて、人との出逢いを大切にして生きることの大きな意味を痛感しながら、ここに筆を置く。

鶴田　慎一　拝

【参考資料】

「吉田松陰〜誇りを持って生きる！〜」（森友幸照著　すばる舎）
「吉田松陰の実学」（木村幸比古著　ＰＨＰ新書）
「講孟余話」（吉田松陰著　松浦光修編訳　ＰＨＰ研究所）
「吉田松陰　留魂録」（松陰神社　萩ものがたり）
「幕末動乱の男たち」（海音寺潮五郎著　新潮文庫）
「名君　毛利敬親」（小山良昌著　萩ものがたり）
「武士道と現代」（笠谷和比古著　産経新聞社）
「いま、なぜ「武士道」か」（岬龍一郎著　致知出版社）
「小説　上杉鷹山」（童門冬二著　学陽書房）
など

【資料閲覧】

松陰神社
萩博物館
村田清風記念館
山口県立博物館
山口県立文書館
など

鶴田　慎一（つるた　しんいち）

株式会社ビジネススキル研究所　代表取締役
http://www.biz-skill.jp　E-mail:info@biz-skill.jp
TEL ０３-５８２０-２０７５
FAX ０３-５８２０-２０７６
[Facebook] https://www.facebook.com/tsuruta.shinichi

１９５７年、福岡県生まれ。
大学卒業後、金融機関勤務、コンサルティング会社の教育研修事業部長兼
コンサルタントを経て、現在、株式会社ビジネススキル研究所 代表取締役。
経営戦略・商品開発・営業指導・製造現場指導など、マーケティング全般に
亘るゼネラル・コンサルティングを展開している。
長年に亘り、武士道精神や歴史的逸話を講演や研修に盛り込んで、
現代社会の諸問題・日本人としての価値観の復活など、企業の幹部層から
若手社員に至るまで指導してきた。
受講者は企業における正義や倫理観に共感・共鳴して、ビジネスの王道で
ある価値観を体得してきた。
受講者の長所に照準を当てる肯定的指導スタイルに定評があり、
二十五年以上に亘り『居眠り受講者ゼロ』記録更新中である。

著書・ＣＤ等
『できる上司の「決め言葉」』（中経出版）
『トップ営業マンの習慣が身につく本』（中経出版）
〃　　中国語版：（北京大学出版部）
〃　　台湾版：（博誌文化）
『「営業頭脳」を鍛える22の着眼』（ジャパン・プレジデント・ネットワーク）
『理念浸透の実践が強い会社を作るコツ』（ＦＰステーション）
『営業大革新　営業マインドを磨け』（ＦＰステーション）
『目覚めよ若手社員！迷い甘えを断ち切り、会社に貢献できる稼ぐ社員となれ！』
（ジェイック）
他

鶴田 慎一

師・寅次郎と主君・慶親

～幕末を疾走した男と維新を果たした名君～

二〇一九年八月十三日　初版発行
発行所　日本橋出版
〒103-0027　東京都中央区日本橋二-二-三-四〇二
https://nihonbashi-pub.co.jp
発売元　星雲社
〒102-0005　東京都文京区水道一-三-三〇
電話〇三-三八六八-三二七五
印刷・製本所　日本橋出版